Das **DaZ-Buch**
Schülerbuch 1

Kostenlose digitale Angebote: www.klett-sprachen.de/das-daz-buch

- Audio-Dateien über die Klett-Augmented-App oder online
- flipQuiz-Spiele zu den Bild-Wort-Karten über die Klett-Augmented-App zum Übungsbuch oder online
- Einstufungstest online
- 10 Kahoot!-Quizfragen zu jeder Lektion

1. Auflage 1 13 12 11 10 | 2026 25 24 23 22

Internetadresse: www.klett-sprachen.de

Autorinnen:
Verena Balyos, Silke Donath, Eva Neustadt (Grammatik), Kerstin Reinke (Phonetik)
unter Mitarbeit von Nicole Nolte und Stefanie Plisch de Vega

Redaktion: Nicole Nolte, Stefanie Plisch de Vega, Annika Starke
Konzept: Nicole Nolte, Sebastian Weber
Layout: Katja Schüch, Kirchheim/Teck
Satz und Gestaltung: Eva Mokhlis, Stuttgart
Illustrationen: Tobias Dahmen, Utrecht; Friederike Ablang, Berlin
Fotografie (Umschlag/Klassenfotos): Gunther Pagel, Viernheim
Umschlaggestaltung: Maja Smrcek

Sprecherinnen und Sprecher: Behzad Ansari, Celine Auer, Wioletta Babiuk, Christian Birko-Flemming, Marvin Floren, Maximilian Kraemer Nativo, Pia Lensker, Titus Mahlberg, Stefanie Plisch de Vega, Friederike Rhein, Sigrun Schumacher, Rosmin Schumacher, Hans-Peter Stoll, Anke Stößer, Sophia Stößer, Sofi Vega, Emilio Vega, Ron Vodovozov
Tontechnik und Produktion: Gunther Pagel, Top 10 Tonstudio, Viernheim
Aufnahmeleitung: Stefanie Plisch de Vega

Druck und Bindung: Grafisches Centrum Cuno GmbH & Co. KG, Calbe

Printed in Germany.
ISBN 978-3-12-666870-5

9 783126 668705

Das
DaZ-Buch

Schülerbuch 1

Ernst Klett Sprachen
Stuttgart

Das DaZ-Buch

Jede Lektion besteht aus 5 Teilen:
A – Wortschatz, Hören & Sprechen
B – Hören & Sprechen, Aussprache
C – Grammatik
D – Lesen & Schreiben
E – Schul- und Fachsprache

Symbole

▷ 10 Hier kannst du etwas hören. Die Audio-Dateien kannst du
- im Internet unter www.klett-sprachen.de/daz-buch-online
  oder
- über die Klett-Augmented-App hören oder herunterladen.
  › www.klett-sprachen.de/augmented

AUDIO

Hier bekommst du einen Tipp.

ÜB S. 12–16 Auf diesen Übungsbuch-Seiten findest du die passenden Aufgaben zu den Schülerbuch-Aufgaben.

7 – A4 – 8 – 9
Diese Übungsbuch-Aufgabe machst du *vor* der Aufgabe im Schülerbuch.
Diese Übungsbuch-Aufgaben machst du *nach* der Aufgabe im Schülerbuch.

Diese Aufgaben gibt es:
★ Das ist eine Förderaufgabe.
★★ Das ist eine Basisaufgabe für alle.
★★★ Das ist eine Forderaufgabe.

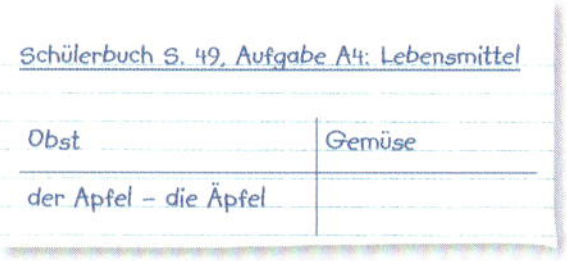

Hier schreibst du in dein Heft.

[Aussprache] Hier kannst du deine Aussprache trainieren.

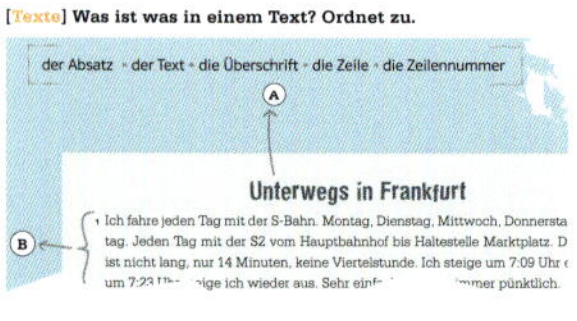

Blaue Markierungen:
Hier gibt es Wissen, Sprache, Tipps und Tricks für die Schule.

Tipps & Tricks Das sind Zwischenkapitel mit Tipps und Tricks für das Deutschlernen und die Schule.

Wortschatz

BILD-WORT-KARTEN

Frage deine Lehrerin oder deinen Lehrer nach den Bild-Wort-Karten zur Lektion. Du kannst auch flipQuiz spielen: www.klett-sprachen.de/das-daz-buch/flipquiz

Mein Wortschatz

Im Übungsbuch findest du den Lernwortschatz einer Lektion und Aufgaben dazu.

Wörter lernen und üben

Im Kapitel Tipps & Tricks 1 findest du alles zum Wörterlernen und -üben.

Grammatik

Grammatik

Eine Übersicht zur Grammatik findest du zu jeder Lektion hinten im Schülerbuch.

Meine Grammatik

Im Übungsbuch kannst du eigene Übersichten zur Grammatik erstellen.

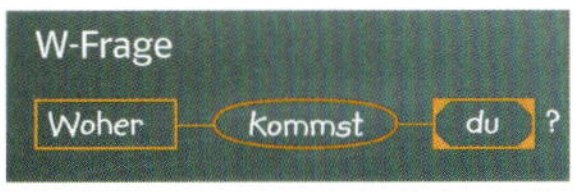

Satzmodelle machen sprachliche Strukturen deutlich.

Liebe Lehrerinnen und Lehrer,

für „Das DaZ-Buch" ist die Schule Ausgangs-, Mittel- und Zielpunkt der Sprachvermittlung. Im Inhaltsverzeichnis finden Sie eine Übersicht der Lerninhalte. Angesichts der Stofffülle werden die Lerninhalte im Sinne eines spiralcurricularen Vorgehens konsequent wiederholt, vertieft und erweitert, was aus Platzgründen im Inhaltsverzeichnis nicht nochmals vermerkt ist.
Das passende Lehrerhandbuch unterstützt Sie mit einem umfassenden Angebot: einem Leitfaden, einem Werkzeugkasten, unkompliziert umsetzbaren Unterrichtsideen, Kopiervorlagen und zusätzlichen Angeboten zur weiteren Differenzierung. In unserem Onlineservice finden Sie u. a. die Bild-Wort-Karten, Wörterlisten sowie Audiodateien und -texte: www.klett-sprachen.de/das-daz-buch (Onlineservice zum Lehrerhandbuch).

BILD-WORT-KARTEN

Kopiervorlagen für die Bild-Wort-Karten zu jeder Lektion finden Sie online.

Test

Einen abschließenden Test zu jeder Lektion finden Sie als Kopiervorlage in Lehrerhandbuch oder Testheft, in letzterem auch einen Einstufungstest sowie einen Abschlusstest zu diesem Band.

Hinweis: Um die Lesbarkeit zu erleichtern und Arbeitsanweisungen möglichst einfach zu halten, wird auf die gleichzeitige Verwendung männlicher und weiblicher Sprachformen verzichtet. Sämtliche Personenbezeichnungen gelten gleichwohl für beiderlei Geschlecht.

Inhaltsverzeichnis

grau › nur als Chunk verwendet | blau › im Übungsbuch (ÜB)

Fertigkeiten / Strategien Aussprache	schul- und fächerspezifische Inhalte
Aussprache: Start-Rap und ABC-Rap › erstes Bewusstmachen von Sprechrhythmus und Wortakzent, erste Anregungen zur Aussprache Buchstaben-Laut-Beziehungen (ÜB)	
Schwerpunkt Hören und Verstehen, Sprechen ein Interview hören und lesen Lesen und Schreiben: • einen Steckbrief schreiben • ein Formular lesen und schriftlich Sätze dazu ergänzen • Adressen notieren Mehrsprachigkeit: Zahlen, begrüßen / verabschieden, Steckbrief Einführung Aufgabenformate Dialogvariationen, „Wechselkärtchen", Arbeit mit Satzmodellen **Aussprache:** Silben, lange und kurze betonte Vokale, Diphthonge (ÜB), Wort- und Satzakzent	Rechtschreibung: Groß- und Kleinschreibung (ÜB), Satzzeichen Fachwortschatz Mathematik: *Ziffer, Zahl, Zahlwort, Rechenzeichen*, Versprachlichen einfacher Rechenoperationen (ÜB) Im Unterricht: Wortschatz, Aktivitäten, Anweisungen, wichtige Sätze Heftführung: ein Schreibheft anlegen und führen
Schwerpunkt Hören und Verstehen, Sprechen Lesen und Schreiben: • Tabellen lesen und schreiben (ÜB): Stundenplan • einen Text lesen und eine Überschrift finden • Fehlersuche im Text (ÜB) • Sätze bilden Mehrsprachigkeit: Pluralbildung (ÜB), Schulfächer Einführung Aufgabenformat „1-2-alle" **Aussprache:** Schul-Rap › Wortakzent in Nomen und Komposita (ÜB)	Rechtschreibung: Großschreibung am Satzanfang, Satzzeichen (ÜB) Fachwortschatz Geographie: Jahreszeiten Im Unterricht: wichtige Sätze, Fragen und Antworten, Anweisungen und Unterrichtssprache **extra:** Schulfächer in Deutschland
Wörter lernen und vernetzen	Heftführung: ein Wörterheft anlegen und führen
ein Interview machen Wegbeschreibungen verstehen und Wege beschreiben, nach dem Weg fragen (ÜB) Lesen und Schreiben: • Fahrplan und Tarifinformationen lesen und verstehen • Antworten schriftlich formulieren • einen literarischen Text verstehen, Vorlesen üben • Elfchen lesen und selbst schreiben • Elternbrief und Einverständniserklärung (ÜB) Mehrsprachigkeit: Uhrzeiten (ÜB) **Aussprache:** Unterwegs-Rap › E-Laute	Textformalien: Überschrift, Absatz, Zeile, …, Satzzeichen Im Unterricht: Fragen und Anweisungen mit Modalverben und trennbaren Verben **extra:** Geographie › Orientierung in Deutschland / Karten lesen: Bundes länder, Hauptstädte, Nachbarländer, …, Himmelsrichtungen, …

blau › im Übungsbuch (ÜB)

Fertigkeiten / Strategien Aussprache	schul- und fächerspezifische Inhalte
Interviews machen eine Statistik erstellen und zusammenfassen Ernährungstipps geben und über die eigene Ernährung sprechen Lesen und Schreiben: • eine Umfrage lesen und ergänzen (ÜB) • ein Rezept lesen und verstehen • eine Vorgangsbeschreibung schreiben, Satzanfänge variieren • ein Interview lesen und verstehen, mit verteilten Rollen lesen • ein Schaubild beschriften (ÜB) **Aussprache:** Wortakzent, Frühstücksrap › Ö- und Ü-Laute, Ö-O-E-Laute und Ü-U-I-Laute (ÜB)	Fachwortschatz Mathematik: Prozentangaben (ÜB), Gewicht und Volumen; Mengenangaben verdoppeln Alphabet und Nachschlagen üben Im Unterricht: Anweisungen mit trennbaren Verben **extra:** Mathematik › Terme versprachlichen: die Grundrechenarten
Statistik: lesen und verstehen, Prozentangaben machen, eine Umfrage machen und mit der Statistik vergleichen eine Voice-Mail hören und verstehen ein Plakat zu Freizeitangeboten für Jugendliche erstellen Lesen und Schreiben: • einen Chat lesen (ÜB) • einen Bericht lesen und verstehen • Anzeigen lesen und verstehen, beantworten und selbst schreiben **Aussprache:** Freizeit-Rap › Z-Laute	im Wörterbuch nachschlagen (ÜB) Recherchieren: Informationen suchen und finden, Recherchieren anbahnen (vor Ort und im Internet) **extra:** Mathematik › Größen versprachlichen: Zeiten und Längen
ein Interview hören und verstehen mündlich erzählen und abwechslungsreich / interessant erzählen üben zuhören und einfache Rückmeldung dazu geben	Notizen machen
Vermutungen anstellen und beim Hören überprüfen Lesen und Schreiben: • ein Diagramm lesen und verstehen • einen Chat lesen, verstehen und weiterschreiben (ÜB) • eine Stichwortsammlung erstellen, eine Bildergeschichte schreiben, eine Person beschreiben (ÜB) • ein Akrostichon schreiben (ÜB) Mehrsprachigkeit: Sätze, Wörter, einen Spruch übersetzen (ÜB); Lieder über Freundschaft **Aussprache:** Freunde-Rap › Wortakzent in Verben (trennbare, untrennbare und Verben auf *-ieren*)	im Wörterbuch nachschlagen Überblick über Texte verschaffen: Formalien in Lied- und Fachtext Schule hier und anderswo: ein Venn-Diagramm erstellen und eine Kurzpräsentation halten Gesprächsregeln finden und formulieren **extra:** Gemeinschaftskunde / Sozialkunde / Politik › Erste Texthilfen für Fachtexte: Kinderrechte

Die Klasse

Rashed
Afghanistan
Frau Langer
Deutschland
Yusup
Tschetschenien
Amer
Syrien
Meron
Eritrea
Linh
Vietnam
Ismail
Ägypten
Ayman
Irak

William
Togo
Kadir
Türkei
Tuğba
Türkei
Ipek
Bulgarien
Abilena
Mazedonien
Kacper
Polen
Sergio
Italien
Keying
China
Aminata
Guinea
Anna
Griechenland

Hallo! Guten Tag!

ÜB S. 6–7

▶ 1

Start!

Hallo! Guten Morgen! Hallo! Guten Tag!

Hallo! Guten Morgen! Hallo! Guten Tag!

Hallo du! Wie heißt du?

Ich? Ja, du! Hört mal zu:

Ich heiße Ipek. Wie heißt du? – Ich heiße Amer. Wie heißt du? – …

Woher kommst du?

Ich? Ja, du! Hört mal zu:

Ich komme aus Bulgarien. Woher kommst du? – Ich komme aus Syrien. Woher kommst du? – …

Hallo du, hallo ihr! Hallo du, hallo ihr!

Hallo du, wir sind hier! Hallo ihr, ich bin hier!

Das ist super. Das ist schön.

Tschüss! Auf Wiedersehen.

Stopp!

Auf Wiedersehen.

der Wortakzent

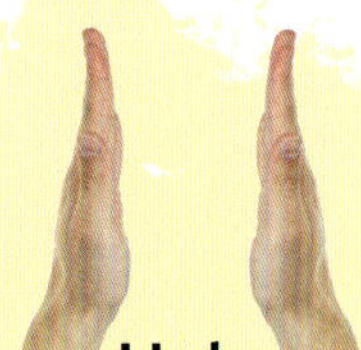

Hallo

Guten Morgen!

Tag

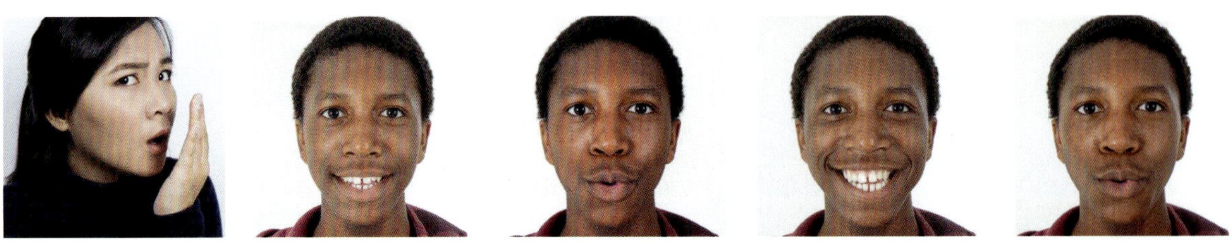

Hallo!

Eeee → ö: schön

Iiii → ü: Tschüss!

ABC-Rap 2

Das Alphabet 3

Aa	Bb	Cc	Dd	Ee	Ff	Gg
Hh	Ii	Jj	und	Kk		
Ll	Mm	Nn	und	Oo	und	Pp
Qq	Rr	Ss	Tt	– Ja!		
Uu	Vv	Ww	Xx	Yy	Zz	
Ää	Öö	Üü	und	noch	ß	– Nett!

Internationale Wörter 4

1 Willkommen

A1 **Was ist das? Hört und zeigt. Sprecht dann.** ▶ 6

1
2
3

Das ist das Klassenzimmer.

A2 **Hört den Dialog. Sprecht.** ▶ 7

Ich bin …

Ich bin …

A3 **Fragt und antwortet.**

4
5
6
7

ich	heiße
du	heißt
er / sie	heißt

8

A4 **Schreibt Namensschilder. Stellt dann Mitschüler vor und buchstabiert die Namen.**

9
10
11
12

Er heißt Rashed. R – A – S – H – E – D.

Sie heißt Anna. A – N – N – A.

A5 13 **Woher kommst du? Was sprichst du? Hört den Dialog und ordnet zu.** ▶ 8

Rashed • Anna • Frau Langer

Name Ich heiße …	Heimatland Ich komme aus …	Sprachen Ich spreche …
F	Deutschland	Deutsch, Englisch, Französisch, Türkisch
d	Afghanistan	Farsi, Niederländisch, Englisch, Arabisch, Deutsch
A	Griechenland	Griechisch, Englisch, Deutsch

14

A6 15 **Fragt und antwortet. Macht dann eine Tabelle für die Klasse wie in A5.**

Wie heißt du? — Ich heiße …

Woher kommst du? — Ich komme aus …

Was sprichst du? — Ich spreche …

★★★ Deine Sprachen: Erzähle mehr.

Meine Muttersprache ist …

Ich spreche auch …

Ich lerne …

A7 16 17 **Die Zahlen bis 12: Hört zu und sprecht nach.** ▶ 9

0 null · 1 eins · 2 zwei · 3 drei · 4 vier · 5 fünf · 6 sechs · 7 sieben · 8 acht · 9 neun · 10 zehn · 11 elf · 12 zwölf

A8 **Würfelspiel mit Partner: Spielt mit zwei Würfeln.**

A9 **★★★ Zählt in verschiedenen Sprachen. Macht Plakate.**

0 null · 1 eins · 2 zwei · 3 drei · 4 vier · 5 fünf · 6 sechs · 7 sieben · 8 acht · 9 neun · 10 zehn · 11 elf

Deutsch

چهار ۴ · پنج ۵ · شش ۶ · هفت ۷ · هشت ۸ · نه ۹

Farsi

7 εφτά · 8 οχτώ · 9 εννιά · 10 δέκα · 11 έντεκα · 12 δώδεκα

Griechisch

ÜB S. 12–16

Wie geht's?

B1 18 19 20 21

Hört zu. Wie geht es Anna? ▶ 10

Anna geht es …

sehr gut. | gut. | nicht schlecht. | nicht so gut. | schlecht.

★★★ Hört noch einmal. Was kann man noch sagen? Schreibt Fragen und Antworten auf ein Plakat.

Wie geht's?

Fragen	Antworten
Wie geht es dir?	Es geht mir gut.

Wie geht es **dir**? › Kinder / Familie / Freunde
Wie geht es **Ihnen**? › Erwachsene

Freundlich antworten:
Danke, es geht mir …

B2 22

Wie geht es dir? Lest und variiert.

▶ Anna, wie geht es dir?
◁ Es geht mir sehr gut! Ich habe heute Geburtstag.

William
nicht so gut
Ich bin müde.

Ipek
gut
Ich bin zufrieden.

Samira
schlecht
Ich bin krank.

B3

Die Zahlen bis 20: Hört zu. Wie alt ist Anna? ▶ 11

13 – dreizehn
14 – vierzehn
15 – fünfzehn
16 – sechzehn
17 – siebzehn
18 – achtzehn
19 – neunzehn
20 – zwanzig

B4 23 24 25 26

Wie alt bist du? Fragt und antwortet.

B5 27 28 29 30 **[Wechselkärtchen] Schreibt Kärtchen und spielt wie im Beispiel.**

vorne: die Zahl hinten: das Zahlwort

Schüler 1 zeigt die Zahl.
Schüler 2 sagt das Zahlwort.

B6 31 32 33 34 **Hallo und tschüss: Hört zu. Spielt die Situationen dann nach.** ▶ 12

Wo wohnt ihr?
Wie sagen die Leute da „Guten Tag“ und „Auf Wiedersehen“?

B7 **[Aussprache] Hört zu. Achtet auf die Vokale.** ▶ 13

Vokale > a, e, i, o, u | ä, ö, ü (Umlaute)

Vokale und Umlaute sind in Wörtern

laaaaaaaang oder

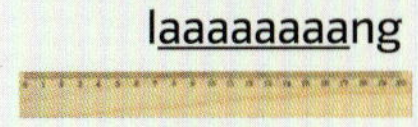

kurz

B8 **Hört die Wörter. Klopft jede Silbe mit.** ▶ 14

Vier, sie-ben, zehn, sieb-zehn. …
● ● • ● ● •

B9 35 36 37 **Lest die Wörter vor. Zeigt.**

vier

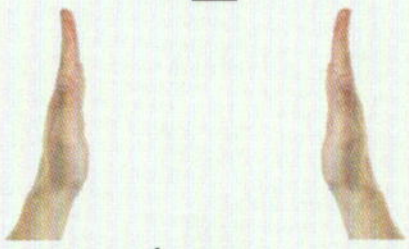

lang

fünf

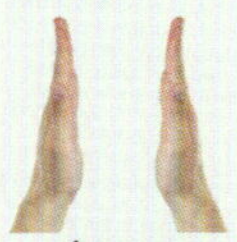

kurz

Wörter sprechen, Wörter lernen,
Wörter klingen so:

Vier, sieben, zehn, siebzehn.
Fünf, sechs, zwanzig, acht.
Stuhl, Buch, Tafel, Schüler.
Heft, Stift, Tisch und tschüss.

Super! Prima!
Klasse! Toll!

B10 ★★★ **Einer ruft ein Wort. Die anderen zeigen.**

elf

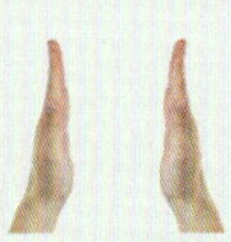

B11 38 39 **Hört den Rap noch einmal und sprecht in Gruppen mit.** ▶ 13

Wir lernen Deutsch

ÜB S. 17–24

40

C1 [Personalpronomen] Lest und spielt in Gruppen.

41 42 43

ich

du

er

sie

es

wir

ihr

sie

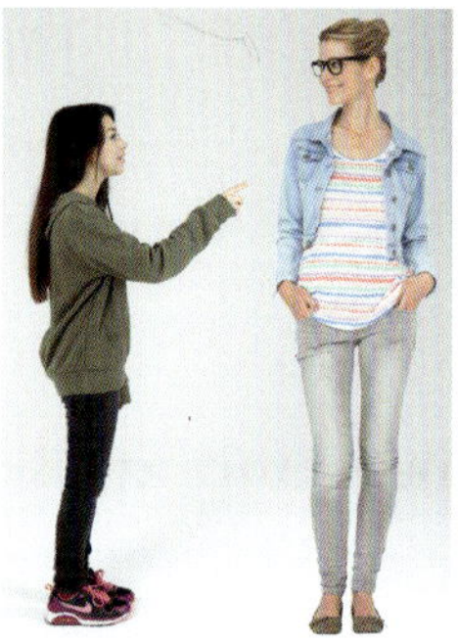
Sie

Sie

44

C2 lernen: Hört zu. Sortiere dann und schreibe in dein Heft. ▷ 19

45 46

es lernt
wir lernen
sie lernen
Sie lernen
ich lerne
du lernst
er lernt
sie lernt
ihr lernt

Schülerbuch S. 18, Aufgabe C2: lernen

ich lerne
du lernst

das Personalpronomen — die Personalendung

Ich lerne Deutsch.

der Verbstamm

47

C3 [Verben konjugieren] Spielt in der Gruppe mit zwei Würfeln. Würfelt und bildet Sätze.

48 49 50 51 52 53 54 55

Präsens		⚀	⚁	⚂	⚃	⚄	⚅
Infinitiv →		**kommen**	**lernen**	**wohnen**	**heißen**	**sprechen**	**sein**
Singular (Sg.)	⚀ ich	komme	lerne	wohne	heiße	spreche	bin
	⚁ du	kommst	lernst	wohnst	heißt!	sprichst!	bist
	⚂ er / sie / es	kommt	lernt	wohnt	heißt	spricht!	ist
Plural (Pl.)	⚃ wir	kommen	lernen	wohnen	heißen	sprechen	sind
	⚄ ihr	kommt	lernt	wohnt	heißt	sprecht	seid
	⚅ sie	kommen	lernen	wohnen	heißen	sprechen	sind
Sg. + Pl.	Sie	kommen	lernen	wohnen	heißen	sprechen	sind

⚀ ⚀ Ich komme aus Griechenland.

⚃ ⚁ Wir lernen Deutsch.

⚁ ⚂ Du wohnst in Frankfurt.

⚂ ⚅ Er ist 14 Jahre alt.

56

C4 [Nomen] Im Klassenzimmer: Sprecht wie im Beispiel.

57 58 59 60

die Gitarre • der Computer • die Weltkarte • das Buch • die Tafel • der Stuhl • das Heft • der Tisch • der Stift • die Lehrerin

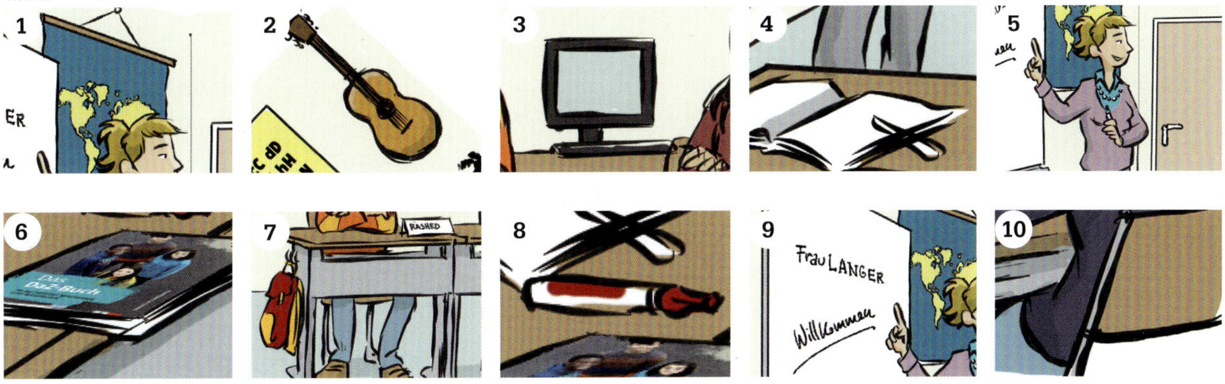

Was ist das?

Das ist **eine** Weltkarte.

Die Weltkarte ist Nummer 1.

Maskulinum:	**der** Computer	›	**ein** Computer
Neutrum:	**das** Buch	›	**ein** Buch
Femininum:	**die** Weltkarte	›	**eine** Weltkarte

C5 Die Familie: Lies die Wörter. Zeigt und sprecht.

61 62

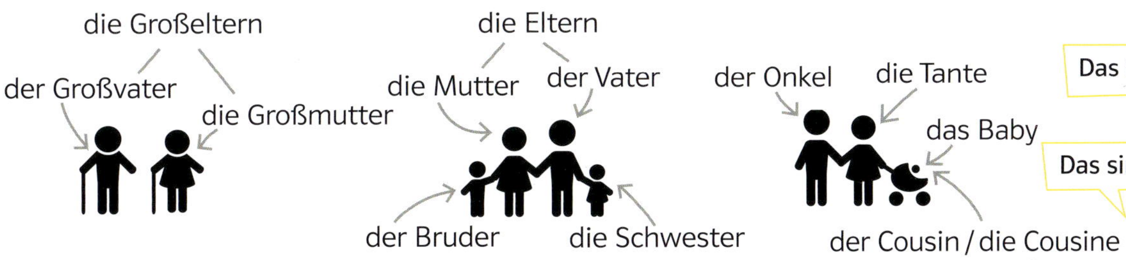

Das ist der Großvater.

Das sind die Großeltern.

C6 Hört zu. Ordnet Personen und Zeichnungen zu. ▷ 20

Rashed • Ipek • Ismail • Frau Langer

Zeichnung 1 gehört zu …

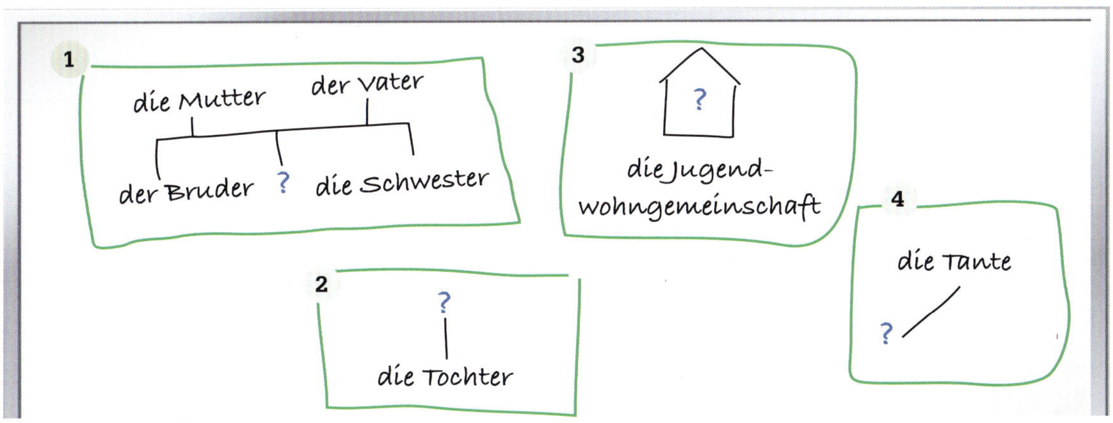

63

C7 [Satzmodelle] Familie: Wer lebt in Deutschland? Sprecht wie im Beispiel.

64 65 66

Mein Großvater und meine Großmutter	leben	auch in Deutschland.
Meine Tante	lebt	auch in Deutschland.
Ich	lebe	in der Jugendwohngemeinschaft.

ein › mein
eine › meine

ÜB S. 25

Steckbriefe und Formulare

D1 [Wortakzent] **Hört zu und lest mit. Hört noch einmal und sprecht nach.** ▶ 21

woh**e**r ● ●   L**a**nd ●   D**eu**tschland ● ●   H**ei**matland ● ● ●

N**a**me ● ●   V**o**rname ● ● ●   Fam**i**lienname ● ● ● ● ●   f**ü**nfzehn ● ●   J**a**hre ● ●

D2 [Satzakzent] **Ein Interview für die Schülerzeitung: Hört zu und lest mit. Hört noch einmal und summt mit.** ▶ 22

Schüler an der Goetheschule

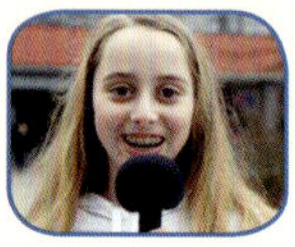

Janina stellt vor:

Wie heißt du?	Ich heiße Meron Habtom. Meron ist der Vorname. Habtom ist der Nachname.
Woher kommst du, Meron?	Ich komme aus Eritrea.
Wie bitte? Woher kommst du?	Aus Eritrea.
Aha, interessant. Was sprichst du?	Ich spreche Tigrinya und Deutsch.
Und wie alt bist du?	Ich bin fünfzehn.

D3 **Hört mehrmals und sprecht leise mit. Lest das Interview dann laut.** ▶ 23

D4 **Schreibe den Steckbrief in dein Heft. Suche die Informationen in D2 und ergänze.**

67
68
69

Steckbrief

Vorname: ....

Familienname: ....

Heimatland: ....

Sprache: ....

Alter: ....

der Familienname = der Nachname

D5 **Schreibe deinen Steckbrief. Schreibe auf Deutsch und in deiner Sprache.**

Vorname: Ipek
Familienname: Burtalik
Heimatland: Bulgarien
Sprache: Bulgarisch, Türkisch, Deutsch
Alter: 14 Jahre

Име: Ипек
Фамилия: Бурталик
Държава: България
Език: български, турски, немски
Възраст: 14 години

★★★ **Schreibe einen Steckbrief für Rashed und Frau Langer.**
Suche die Informationen in der Lektion im Schüler- und Übungsbuch.

D6 **Ein Formular: Lest und zeigt.**

eine Adresse • ein Name • eine Telefonnummer • eine Straße • eine Postleitzahl

Das ist …

Goetheschule
Wiesbadener Straße 35
60486 Frankfurt am Main
Telefon: 069 / 54896321
www.schulegoetheffm.de

Klasse: Intensivklasse Klassenlehrerin: Frau Langer

Name: Aydin Vorname: Tuğba

Geschlecht: m/(w) Familiensprache: Türkisch

Adresse: Schmidtstraße 2
Straße / Hausnummer

60326 Frankfurt
Postleitzahl / Wohnort

Im Notfall benachrichtigen: Selma Aydin (Mutter)

Telefon: 069/235698 Mobil: 01577/2234127

D7 **Schreibe die Sätze in dein Heft. Suche die Informationen in Aufgabe D6 und ergänze die Sätze.**

Schülerbuch S. 21, Aufgabe D7

1. Die Schule heißt …
2. Die Schuladresse ist …
3. Die Telefonnummer ist …
4. Der Schüler / Die Schülerin heißt …
5. Er / Sie spricht …
6. Er / Sie wohnt …
7. Der Kontakt im Notfall heißt …
8. Die Telefonnummer ist …

die Adresse =
die Straße + die Hausnummer
die Postleitzahl + der Ort

D8 **Und du? Schreibe in dein Heft.**

- Wo wohnst du?
  Wie ist deine Adresse?
- Wo ist deine Schule?
  Wie ist die Adresse von deiner Schule?

Schülerbuch S. 21, Aufgabe D8

Ich wohne in …
Meine Adresse …

ÜB S. 26–27

Im Unterricht

E1 **Hört und lest dann.** ▶ 24

1

Es ist Unterricht.

2

Es klingelt.

3

Es ist Pause.

E2 **Was macht ihr im Deutschunterricht? Ordnet zu und sprecht. Hört dann.** ▶ 25

70

Wir sprechen. • Wir schreiben. • Wir hören. • Wir lernen Wörter. • Wir lesen.

1 – Wir hören.

E3 **Was sagt die Lehrerin oder der Lehrer? Und wie arbeitet ihr? Ordnet zu.**

Arbeitet mit einem Partner. • Arbeitet allein. • Macht einen Stuhlkreis. • Arbeitet in Gruppen.

1. die Einzelarbeit
2. die Partnerarbeit
3. die Gruppenarbeit
4. der Stuhlkreis

Die Lehrerin sagt: „Arbeitet allein."

Das ist Nummer 1, die Einzelarbeit.

E4 **Wichtige Sätze im Unterricht: Hört und lest.**
Spielt dann mit anderen Wörtern. ▶ 26

71
72

Wie heißt das auf Deutsch?

Das heißt: der Bleistift.

Wie schreibt man das?

Das schreibt man so:
B-l-e-i-s-t-i-f-t.

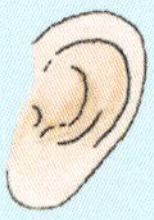

Frau Langer, bitte wiederholen Sie.
Wie spricht man das aus?

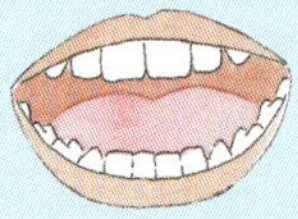

Das spricht man so aus: **der Bleistift**.

E5 Findet die Gegenteile. Sprecht wie im Beispiel.

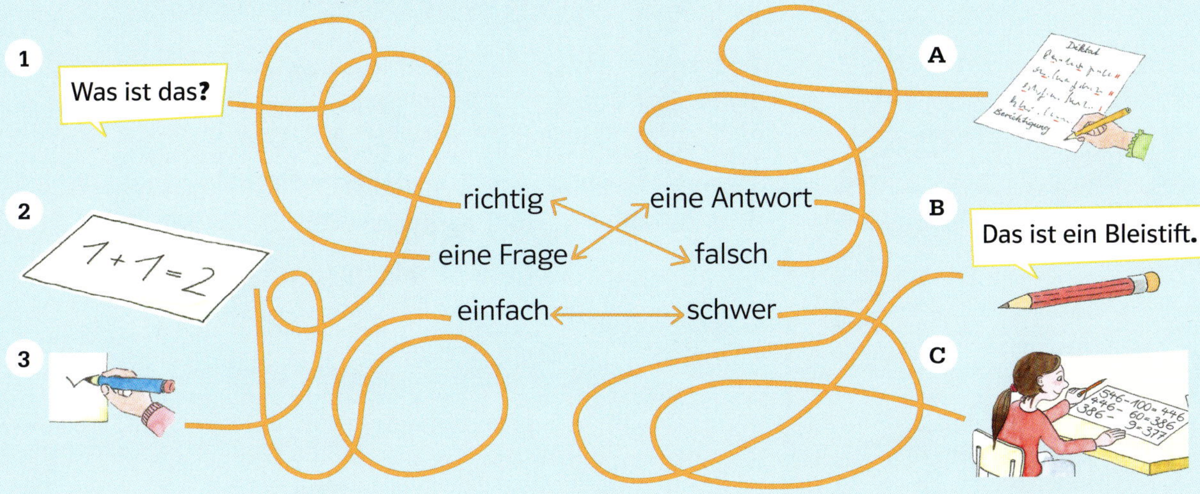

1: Das ist eine Frage.

Das Gegenteil ist B: Das ist eine Antwort.

E6 Ein Heft führen: Schreibe in dein Heft.

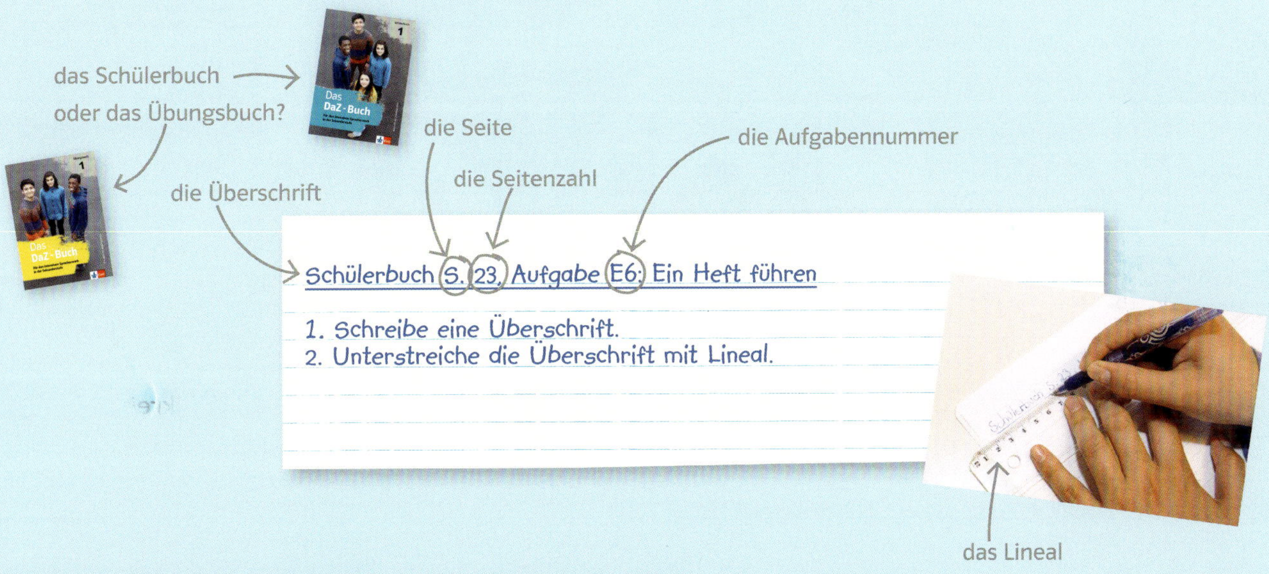

E7 Wichtige Wörter: Arbeitet mit einem Partner. Buchstabiert die Wörter, zeichnet und schreibt ins Heft.

73

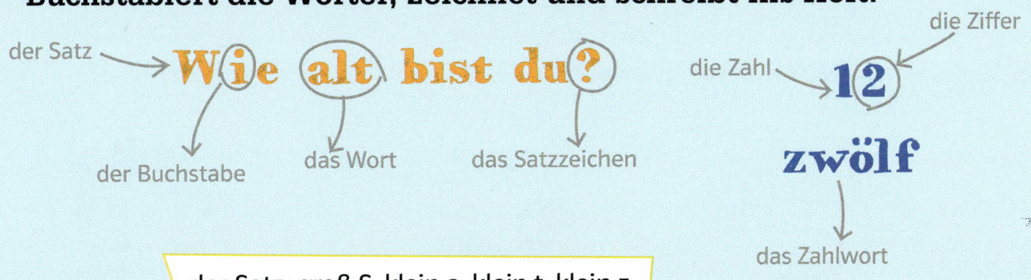

der Satz: groß S, klein a, klein t, klein z.

Satzzeichen

- . › der Punkt
- ? › das Fragezeichen
- ! › das Ausrufezeichen

Satz + Satz + Satz
› der Text

2 In der Schule

ÜB S. 32–34

A1 Was ist das? Hört, zeigt und sprecht. ▶ 27

1
2

A ist der Fachraum.

B sind …

A2 Wo ist Kadir? Hört die Dialoge. Ordnet zu. ▶ 28

Nummer 1 ist das Klassenzimmer.
Kadir ist im Klassenzimmer.

im Klassenzimmer • in der Cafeteria • in der Sporthalle • auf dem Schulhof

A3 Wo ist das in der Goetheschule? Hört zu. Sprecht dann. ▶ 29

3 4 5 6

Das Klassenzimmer	ist	… im dritten Stock.
Das Sekretariat		… im zweiten Stock.
Das Lehrerzimmer		… im ersten Stock.
Die Cafeteria		… im Erdgeschoss.
Die Toiletten	sind	… im Keller.

Wo ist das Sekretariat?

Das Sekretariat ist …

Wo sind die Toiletten?

Die Toiletten sind …

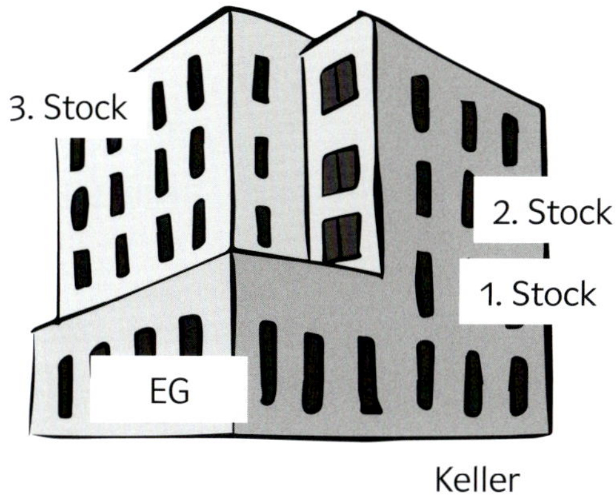

7

A4 Raumnummern: Hört zu und sprecht nach. ▶ 30

8 9 10 11

21 → einundzwanzig

34 → vierunddreißig

43 → dreiundvierzig

20 › zwanzig
30 › dreißig
40 › vierzig
…

A5 Mann oder Frau? Wer arbeitet an der Schule? Und wie heißt die Person? Sprecht.

Frau Langer
Lehrerin (Deutsch)

Herr Peters
Lehrer (Englisch)

Frau Mai-Schmidt
Sekretärin

Herr Menzel
Schulleiter

Herr Forti
Hausmeister

Die Deutschlehrerin ist eine Frau. Sie heißt Frau Langer.

Der Englischlehrer ist ein Mann. Er heißt Herr …

A6 Wie viele Personen sind an der Schule? Was denkt ihr? Hört dann und ergänzt die Zahl. ▶ 31

12 13

Schüler — Lehrer

Schülerinnen — Lehrerinnen

29 36 65 380 402 782

Ich denke: 402 Schüler.

Nein, 402 Schülerinnen!

A7 [1-2-alle] Unsere Schule, unsere Klasse:
1: Was weißt du? 2: Sprecht zu zweit. alle: Macht zusammen ein Plakat.

- Wie heißt eure Schule?
- Wie heißen die Räume in eurer Schule?
- Wo sind die Räume?
- Wie heißt eure Deutschlehrerin oder euer Deutschlehrer?
- Wie heißen andere Lehrerinnen und Lehrer?
- Wie viele Schülerinnen sind in eurer Klasse? Und wie viele Schüler?
- Aus wie vielen Ländern kommt ihr?
- Wie viele Sprachen sprecht ihr?

ÜB S. 35–43

Stundenplan und Schulsachen

14

B1 Kadirs Stundenplan: Hört zu. Was hat die Klasse wann? 32

15 16 17

Wann hat die Klasse … Deutsch? Englisch? Sport?

Deutsch ist am Montag.

B2 Lest und zeigt im Stundenplan.

18 19

ein Schultag • eine Schulstunde • eine Freistunde • ein Schulfach • eine Arbeitsgemeinschaft • eine Lehrerin • ein Lehrer • eine Pause • eine Uhrzeit • eine Abkürzung

	Montag	Dienstag	Mittwoch	Donnerstag	Freitag
1. Stunde 7:40–8:25 Uhr	D	Sp	E	D	D
2. Stunde 8:30–9:15 Uhr	D	Sp	E	D	D
1. große Pause					
3. Stunde 9:30–10:15 Uhr	D	D	D	D	D
4. Stunde 10:20–11:05 Uhr	E	D	D	D	M
2. große Pause					
5. Stunde 11:20–12:05 Uhr	M	D	Ku	M	E
6. Stunde 12:10–12:55 Uhr	M	D	Ku		
Mittagspause					
7. Stunde 13:40–14:25 Uhr				Tischtennis-AG Fr. Lenzky	
8. Stunde 14:30–15:15 Uhr				Tischtennis-AG Fr. Lenzky	

D = Deutsch, Fr. Langer M = Mathematik, Fr. Zimmermann E = Englisch, Hr. Peters
Sp = Sport, Fr. Schröder/Hr. Mutul Ku = Kunst, Fr. Blume

20

B3 Wann und wie oft? Fragt und antwortet.

21 22 23 24

Wann hat Kadir Mathe?

Am Montag, in der fünften und sechsten Stunde. Am …

Wie oft hat Kadir Kunst?

Einmal in der Woche. Am …

Wann?
Tag: am Montag
Schulstunde: in der ersten, zweiten, dritten, vierten, fünften, sechsten, siebten, achten Stunde

Wie oft?
jeden Tag = täglich
einmal, zweimal, dreimal in der Woche / am Tag

25

B4 Uhrzeiten: Um wie viel Uhr? Ordnet zu. Fragt dann und antwortet.

26 27 28 29 30

Um wie viel Uhr beginnt die AG?

Um 13 Uhr 40. 13:40

Wann endet die achte Stunde?

Um 15 Uhr 15. 15:15

Wann Um wie viel Uhr	ist beginnt endet	die zweite Stunde? die erste große Pause? Mathe am Montag?

Wie ist euer Stundenplan?
Was habt ihr wann?

31

B5 [Plural] Schulsachen: Hört und zeigt. Sprecht dann. ▷ 33

32
33
34
35
36
37

Plural
-e: Hefte, …
-n: Flaschen, …
-s: Radiergummis, …
¨er: Bücher, …
-: Füller

Das ist ein Stift.

Das sind fünf Stifte.

B6 Mein oder dein? Hört und sprecht nach. Variiert mit euren Schulsachen. ▷ 34

38 Das ist **mein** Stift! – **Dein** Stift? Das ist **mein** Stift!
39 Ist das **dein** Heft? – Ja, das ist **mein** Heft.
40 Und **deine** Tasche? – Ja, das ist **meine** Tasche.
41 Sind das **deine** Schuhe? – Das sind **meine** Schuhe.

Possessivartikel

M	ein Stift	› mein Stift
N	ein Heft	› mein Heft
F	eine Tasche	› meine Tasche
Pl.	Schuhe	› meine Schuhe

42

B7 [Adjektive] Wie sind eure Schulsachen? Sprecht wie im Beispiel.

43
44
45

rot gelb blau grün braun

weiß schwarz grau

dünn dick groß klein

Mein Stift ist grün.

Meine Hefte sind dünn.

B8 [Aussprache] Schul-Rap: Hört zu. Achtet auf den Wortakzent in den Nomen. ▷ 35

B9 Lest die Nomen laut. Klopft beim Wortakzent.

46
47
48
49
50

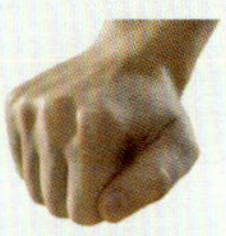

Schule

B10 Hört den Rap noch einmal und sprecht in Gruppen mit. ▷ 35

B11 ★★★ Variiert den Rap.

die Schule, der Hof

der Schulhof

Schule, ja Schule! – Na klar, na klar!
Die Klasse, das Zimmer – das Klassenzimmer.
Die Lehrer, das Zimmer – das Lehrerzimmer.
Schule, ja Schule! – Na klar, na klar!
Die Hefte, die Bücher, der Füller, die Flasche.
Das Lineal, der Radiergummi und meine Tasche.
Schule, ja Schule! – Na klar, na klar!
Schule, ja Schule! – Hallo, wir sind da!

Was brauchst du für die Schule?

C1 Wie heißt das auf Deutsch? Lest und variiert.

51
52

► Wie heißt das auf Deutsch?
Ist das **ein Füller** oder **ein Stift**?
◁ Das ist **kein Füller**. Das ist **ein Stift**.

	ein-	kein-
M	ein Füller	› kein Füller
N	ein Buch	› kein Buch
F	eine Tasche	› keine Tasche
Pl.	Stifte	› keine Stifte

ein Füller oder ein Kugelschreiber?

ein Buch oder ein Heft?

Stifte oder Tintenpatronen?

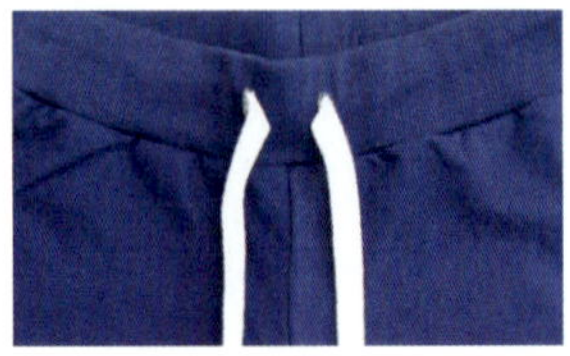

eine Sporttasche oder eine Sporthose?

53

C2 Was brauchen die Schüler? Hört zu. ▷ 40 Schreibt dann Sätze an die Tafel. Markiert wie im Beispiel.

54
55
56
57
58

		einen Füller.
Ihr	braucht	ein Heft.
Die Schüler	brauchen	eine Sporttasche.
		Stifte.

Nominativ		Akkusativ
unbestimmter Artikel		
Das ist …		Ihr braucht …
M	ein Füller.	› einen Füller.
N	ein Heft.	› ein Heft.
F	eine Flasche.	› eine Flasche.
Pl.	Das sind Stifte.	› Stifte.

auch so: Er braucht keinen Füller.
Ich brauche meinen Füller.

Die Schüler – brauchen – einen Füller.
Die Schüler – brauchen – ein Mäppchen.

Schulmaterial
Mäppchen (Füller, Stifte, Bleistift, Lineal, Radiergummi)
Hefte
Taschenrechner
Sporttasche, Sporthose, -schuhe
Trinkflasche

C3 Was hat Kadir schon? Schreibe Sätze in dein Heft wie im Beispiel.

59
60
61
62
63

Schülerbuch S. 28, Aufgabe C3: Was hat Kadir schon?
Kadir – hat – den Füller.

Nominativ		Akkusativ
bestimmter Artikel		
M	der Füller	› den Füller
N	das Heft	› das Heft
F	die Flasche	› die Flasche
Pl.	die Stifte	› die Stifte

C4 [1-2-alle] Schreibt Kärtchen für die Schulsachen. Vergleicht und korrigiert. Spielt.

1

2

alle

64

C5 Aktivitäten in der Schule: Würfelt, wählt und bildet Sätze.

65 66 67 68 69

⚀	⚁	⚂	⚃	⚄	⚅
ich -e	du -st	der Lehrer / die Lehrerin -t	wir -en	ihr -t	die Schüler -en

1. antworten
2. die Aufgabe erklären
3. Sport machen
4. Unterricht haben
5. einen Text lesen
6. die CD hören
7. einen Satz schreiben
8. die Aufgabe verstehen
9. Hausaufgaben machen
10. im Unterricht schlafen
11. eine Frage haben
12. ein Spiel spielen

antworten: du antwortest, er antwortet, ihr antwortet

lesen: du liest, er liest
schlafen: du schläfst, er schläft

70

C6 [Fragen] Schreibt die Fragen und die Antworten an die Tafel. Markiert dann wie im Beispiel.
★★★ Schreibe eigene Fragen. Deine Mitschüler sortieren.

71 72 73 74 75

Woher kommst du? • Wie heißt du? • Wann beginnt die Schule? • Wo sind die Toiletten? • Sprichst du Arabisch? • Heißt du Kahil? • Ist das dein Füller? • Haben wir am Montag Sport?

W-Frage	Antwort
Woher – Kommst – du ?	Ich Komme aus Syrien.
Ja/Nein-Frage	**Antwort**
Sprichst – du – Arabisch ?	Ja. / Nein.

Positionen im Satz
W-Frage: Verb auf Position 2
Ja/Nein-Frage: Verb auf Position 1

C7 Wie ist die Frage? Was antwortet Kadir? Hört und ordnet zu. ▶ 41

76 77 78

Heißt du Kahil?
Sprichst du Türkisch?
Hast du keinen Deutschunterricht?
Ist das nicht schwer?

doch
Bist du nicht Kadir? › Frage negativ –
Doch, ich bin Kadir. › Antwort positiv +

ÜB S. 51

Wann ist das?

D1 Kadirs Kalender: Lest und zeigt im Kalender.

79

ein Monat • Monate • Monatsnamen • eine Woche • ein Jahr • eine Jahreszeit • Ferien • ein Feiertag • ein schulfreier Tag

Januar	Februar	März	April	Mai	Juni
Ferien 1 2 3 4 5 6 7 8 9 10 11 12 13 14 15 16 17 18 19 20 21 22 23 24 25 26 27 28 29 30 31	(14) Mein Geburtstag!	Osterferien!! Frühlingsanfang	23. Çocuk Bayramı / Kinderfest	1. Maifeiertag keine Schule! ☺	(10) Ayman Geburtstag Sommeranfang

Juli	August	September	Oktober	November	Dezember
Projektwoche! Zeugnisse! ----- Sommer	ferien (6 Wochen)--- 5 Wochen Türkei!!!	wieder Schule ( ) Anna Geburtstag Herbstanfang	3. Tag der Deutschen Einheit Feiertag! schulfrei	1 2 3 4 5 6 7 8 9 10 11 12 13 14 15 16 17 18 19 20 21 22 23 24 25 26 27 28 29 30	Weihnachtsferien Winteranfang

D2 Wann ist das? Suche im Kalender. Schreibe die Fragen und Antworten in dein Heft.

80 81 82 83

1. Wann hat Kadir Sommerferien?
2. Wie lange dauern die Sommerferien?
3. Hat Kadir Winterferien?
4. Sind im Dezember Ferien?
5. Wann ist schulfrei?
6. Wann beginnt das Schuljahr?
7. Wann endet das Schuljahr?
8. Wie lange dauert ein Schuljahr?
9. Wann hat Kadir Geburtstag?

!

Wann? › im Januar, im Februar, …
› im Sommer, im Winter, …
› am Tag der Deutschen Einheit, …

Wie lange? › einen Tag, zwei Tage, …
eine Woche, drei Wochen, …
einen Monat, zwei Monate, …

dauern: x————→

Schülerbuch S. 30, Aufgabe D2: Wann ist das?

1. Wann hat Kadir Sommerferien? → Kadir hat im Juli und …
2. Wie lange dauern die Sommerferien? → Die Sommerferien dauern …

D3 Unser Kalender: Schreibt Fragen wie in Aufgabe D2. Fragt eure Mitschüler und eure Lehrerin oder euren Lehrer. Malt und schreibt dann einen Kalender.

★★★ Ergänzt wichtige Schultermine, Geburtstage, Termine, …

D4 Lest den Text. Findet eine passende Überschrift.

84

Ein Jahr hat zwölf Monate. Die Monate haben dreißig oder einunddreißig Tage. Der Februar ist kurz. Er hat achtundzwanzig oder neunundzwanzig Tage. In Deutschland gibt es vier Jahreszeiten. Der Frühling beginnt im März, der Sommer beginnt im Juni, der Herbst beginnt im September und der Winter beginnt im Dezember. Jede Jahreszeit dauert drei Monate.

D5 Was passt zusammen? Lies und ordne zu. Schreibe in dein Heft.

Ich brauche …
1. ein Buch.
2. eine Schulbescheinigung.
3. Informationen von Frau Langer.
4. einen Bleistift.
5. eine Flasche Wasser.

Ich gehe …
A ins Lehrerzimmer.
B in den Schreibwarenladen.
C ins Sekretariat.
D in den Buchladen.
E in die Cafeteria.

Schülerbuch S. 31, Aufgabe D5: Was passt zusammen?

1. Ich brauche ein Buch. Ich gehe in den Buchladen.

D6 Sprechstunden und Öffnungszeiten: Lies die Fragen und suche die Antworten. Schreibe die Fragen und Antworten in dein Heft.

1. Wann hat Frau Langer Sprechstunde?
2. Wann ist der Buchladen geöffnet?
3. Wann ist … geöffnet? …

8–9 Uhr › von 8 bis 9 Uhr
Mo–Mi › von Montag bis Mittwoch

Sprechstunden Lehrer/innen
Bitte melden Sie sich über Ihr Kind an.

Frau Gomez
Dienstag, 8–9 Uhr, R 1-7
Herr Irle
Donnerstag, 7. Stunde, R 3-43
Frau Ionesku
Freitag, 1./2. Stunde, R 1-7
Herr Kunz
Dienstag, 7. Stunde, R 3-17
Frau Langer
Montag, 13–14 Uhr, R 1-7
Herr Mutul
Dienstag, 3. Stunde, R 1-7

Sekretariat
Öffnungszeiten für Schüler:
Mo–Mi:
große Pausen, Mittagspause
Donnerstag:
6. Stunde, Mittagspause

schwarz auf weiß
------Bücher und Schreibwaren------
Mo–Fr 10–19 Uhr
Mittwochnachmittag geschlossen
Sa 10–14 Uhr

Cafeteria Goetheschule
ÖFFNUNGSZEITEN:
täglich: 1. und 2. große Pause
warmes Essen: 12 bis 14 Uhr

Schülerbuch S. 31, Aufgabe D6: Sprechstunden und Öffnungszeiten

1. Wann hat Frau Langer Sprechstunde? Frau Langer hat am … von … bis … Sprechstunde.
2. Wann ist der Buchladen geöffnet? Der Buchladen ist …

D7 Lies. Suche in Aufgabe D6: Geht das oder geht das nicht? ★★★ Schreibe einen Antwortsatz wie im Beispiel in dein Heft.

1. Kadir braucht ein Buch. Es ist Mittwoch, 15 Uhr.
2. Aminata braucht eine Schulbescheinigung. Es ist Dienstag, große Pause.
3. Es ist Samstag, 13:30 Uhr. Ipek braucht einen Radiergummi.
4. Es ist Mittagspause am Montag. Rashed braucht Informationen von Frau Langer.
5. Keying hat kein Schulbrot. Es ist Mittwoch, kleine Pause.

Schülerbuch S. 31, Aufgabe D7

1. Das geht nicht. Der Buchladen ist am Mittwoch um 15 Uhr geschlossen.

2E Im Unterricht

E1 **Wichtige Sätze im Unterricht: Hört die Situationen. Lest und spielt in Gruppen.** ▶ 42

Ich verstehe Sie nicht.
Sprechen Sie bitte lauter.

Wie bitte?

Ich verstehe das nicht.

Können Sie das noch einmal erklären?

E2 **Fragen und Antworten im Unterricht: Ordnet zu.**

Ja, ich bin fertig.

Ja, das ist richtig.

Seid ihr fertig?

Ist das so richtig?

Nein, ich bin noch nicht fertig.

Nein, das ist nicht richtig.

Was muss ich hier machen?

Das geht so: …

E3 **Lehrerinnen und Lehrer sprechen viel. Hört und lest.**
Ordnet die Fotos den Sätzen zu. ▶ 43
★★★ Was sagt eure Lehrerin / euer Lehrer oft? Schreibt auf und malt.

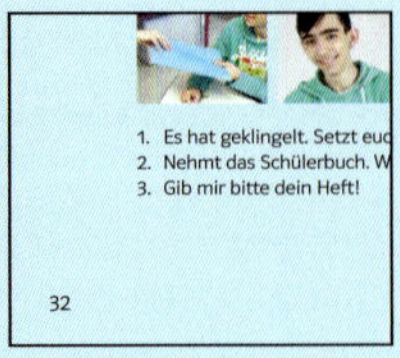

1. Es hat geklingelt. Setzt euch bitte!
2. Nehmt das Schülerbuch. Wir sind auf Seite 32.
3. Gib mir bitte dein Heft!
4. Das ist sehr gut. Weiter so!
5. Bitte melde dich!
6. Psst! Seid bitte leise!

Schulfächer in Deutschland

E4 **Einige Schulfächer: Was kennt ihr? Was kennt ihr nicht?**
★★★ Wie heißen die Schulfächer in deiner Sprache?
Sammelt die Wörter in verschiedenen Sprachen.

Englisch
Chemie
Physik
Deutsch
Mathematik
Musik
Geschichte
Informatik
Sport
Kunst
Biologie
Geographie
Politik

Mathematik: mathematics • Mathématiques • Matematik • Matemáticas • математика • …

E5 [1-2-alle] **Was wisst ihr über die Schulfächer?**
Spielt Pantomime, malt und sammelt Wörter. Erstellt dann eine Mindmap.

Was machen die Schüler?

Was lernen die Schüler?

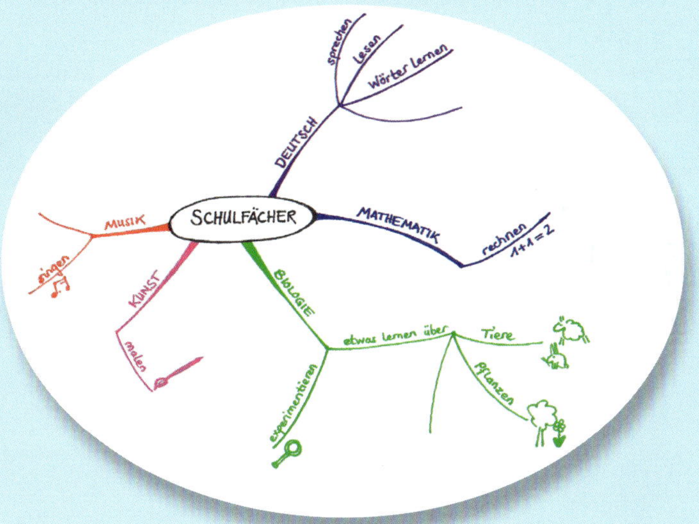

E6 **Sprecht über eure Mindmap.**

In Mathematik rechnen die Schüler.

In Biologie lernen die Schüler etwas über Tiere, …

E7 **Schule entdecken: Wie heißen die Fächer an eurer Schule?**
Findet Antworten und ergänzt dann eure Mindmap.

Fragt:

andere Schülerinnen und Schüler an der Schule

eure Lehrerin / euren Lehrer

die Schulleiterin / den Schulleiter

im Sekretariat

ÜB S. 56–59

Tipps & Tricks 1: Wörter lernen und üben

T1 Bild-Wort-Karten: Ordne zu.

1. die Bild-Wort-Karte
2. das Bild
3. das Wort
4. die Vorderseite
5. die Rückseite
6. die Schere
7. ausschneiden

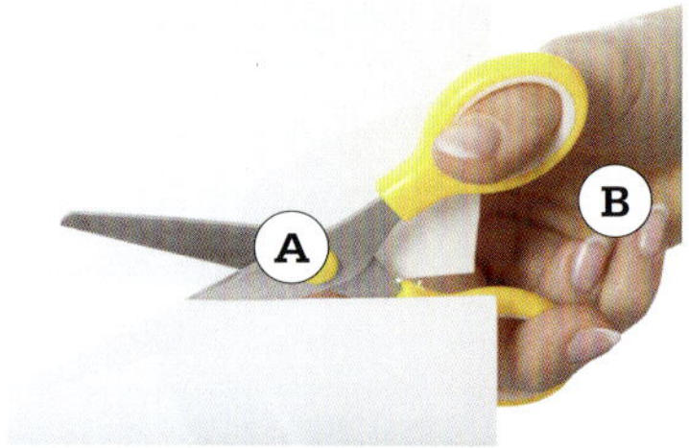

Nummer 1 passt zu D.
D ist die Bild-Wort-Karte.

T2 Was machst du mit den Bild-Wort-Karten? Ordne zu.

1. Frage nach den Bild-Wort-Karten zur Lektion.
2. Schneide die Bild-Wort-Karten aus.
3. Ergänze eigene Bild-Wort-Karten.
4. Übe mit den Bild-Wort-Karten, z.B. Wechselkärtchen.
5. Bist du fertig? Mache einen Haken.

Nummer 1 passt zu B.
Die Schülerin fragt nach den Bild-Wort-Karten zu Lektion 2.

z.B. > zum Beispiel

Frau Langer, bekomme ich bitte die Bild-Wort-Karten zu Lektion 2?

T3 [Wechselkärtchen] Lernt die neuen Wörter mit den Bild-Wort-Karten. Spielt dann.

Ja. Das ist richtig.

der Tisch

das Heft

Nein. Das ist falsch.

Oh … das Buch

Schüler 1 zeigt das Bild.
Schüler 2 sagt das Wort.

T4 **Paare finden: Spielt zu zweit.**

Ich habe ein Paar!

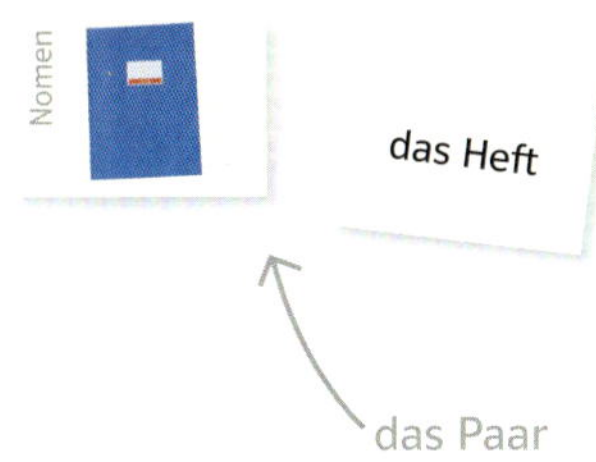

Das passt nicht.

T5 **Ergänzt die Bild-Wort-Karten und schreibt eigene Lernkarten. Lernt und spielt Wechselkärtchen.**

Verben

Nomen

T6 **„Mein Wortschatz" im Übungsbuch: Übt zu zweit.**

Mein Wortschatz

„Mein Wortschatz" im Übungsbuch
1. Macht die Aufgaben.
2. Ergänzt eigene wichtige Wörter.
3. Lernt und spielt.

(1) Malen und raten

Das ist ein Stift!

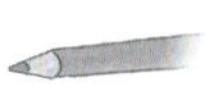

Das stimmt!

(2) Schreiben und raten

(3) Konjugieren (Verben)

ich habe, du hast, er hat, wir haben, …

Richtig!

(4) Plural-Ping-Pong (Nomen)

das Heft

die Hefte!
der Radiergummi

die Radiergummis! …

(5) Sätze bilden

Ich brauche ein Heft.

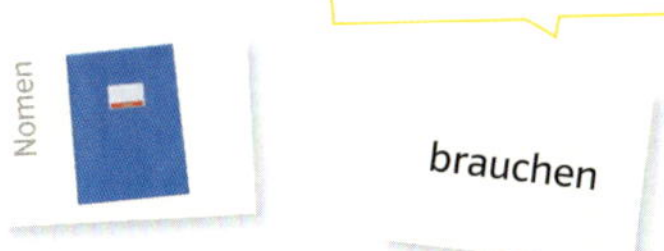

(6) Fragen und antworten

Hast du mein Heft?

Nein.

T7 Wörter vernetzen: Sortiere deine Wörter.

7
8
9

- **Nomen: nach Artikel**

- **nach Wortarten**

Nomen	Verben	Adjektive
das Heft	sprechen	richtig
das Buch	lesen	falsch
die Tafel	schreiben	
der Tisch		

- **nach Thema**

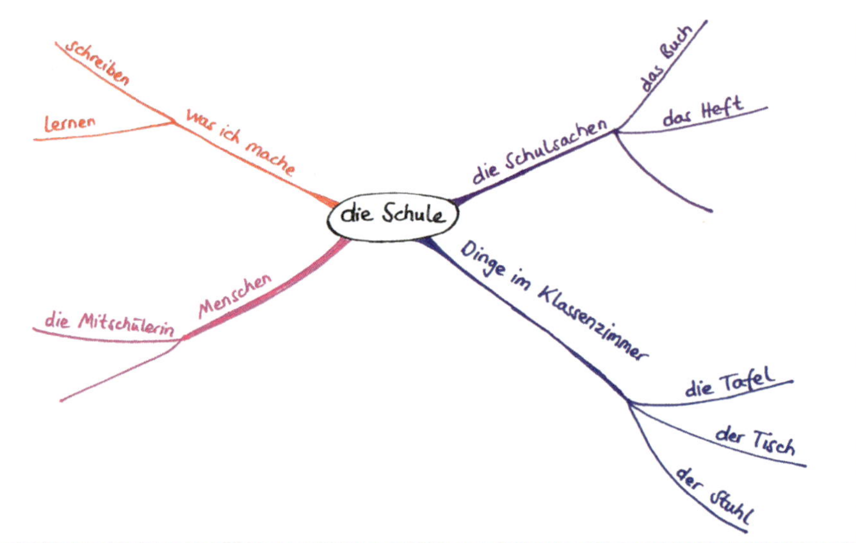

- **persönlich**

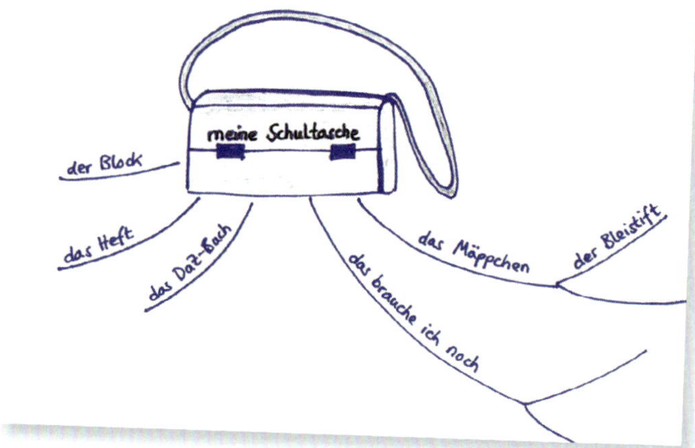

Nimm die Bild-Wort-Karten und Lernkarten und sortiere. Schreibe dann in dein Heft.

T8 10 **Ein Wörterheft führen: Lege ein Wörterheft für deine Lernwörter an.**

1. Spalte: Deutsch | 2. Spalte: Bild und / oder Beispielsatz | 3. Spalte: deine Sprache

der Lehrer	Der Lehrer heißt Herr Peters.	вчитель
die Lehrer		вчителі
die Lehrerin	Die Lehrerin heißt Frau Langer.	вчителька
die Lehrerinnen		вчительки
der Schüler	Der Schüler lernt Deutsch.	учень
die Schüler		учні
die Schülerin	Die Schülerin schreibt.	учениця
die Schülerinnen		учениці
die Tafel		дошка
die Tafeln		дошки
das Buch		книжка
die Bücher		книжки
lesen	Ich lese ein Buch.	читати
er liest		він читає
das Heft		зошит
die Hefte		зошити
schreiben	Ich schreibe in mein Heft.	писати
er schreibt		він пише

Ergänze …

… den Artikel und
… die Pluralform bei Nomen.
… die 3. Person Singular bei Verben.

Ein Wörterheft führen

1. Sortiere deine Wörter.
2. Trage sie wie im Beispiel in dein Wörterheft ein.
   Male auch oder klebe deine Bild-Wort-Karten ein.
3. Lerne: Decke Spalten ab und übe.

ÜB S. 60–62

3 Unterwegs

A1 **Was kennt ihr schon? Zeigt und sprecht.**

A2 **Hört zu und sprecht nach.** ▷ 44

die Ampel	das Fahrrad	der Radfahrer	der Fußgänger	der Gehweg
das Auto	die Straße	das Schild	der Bus	die Bushaltestelle
die S-Bahn	der Zug	der Bahnhof	das Gleis	der Fahrkartenautomat

A3 **Sprecht wie im Beispiel.**

Ich sehe den Bahnhof auf Bild B.

Denkt an den Akkusativ:
M › Ich sehe einen Bus.
Ich sehe den Bus.

A4 **Hört die Dialoge. Ordnet den Bildern oben zu.** ▷ 45

1 

2 

3 

4 

Dialog 1 passt zu Bild …

A5 Janina fragt: Hört zu. Was ist richtig? 46

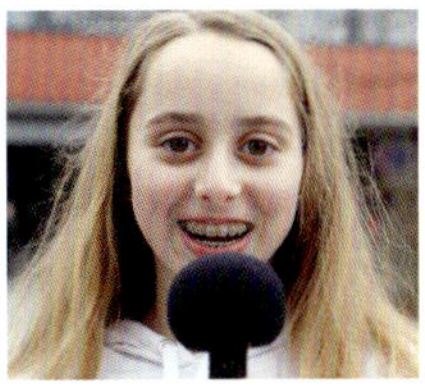

Schulradio-Reporterin Janina

1. Die Umfrage hört man … • im Schulradio. • im Radio.
2. Janina fragt heute: • „Wie kommst du zur Schule?“ • „Wo ist die Schule?“
3. Janina fragt … • Schüler. • Lehrer. • Schüler und Lehrer.
4. Sergio kommt … • mit dem Bus • mit der S-Bahn • zu Fuß zur Schule.

A6 Euer Schulweg: Fragt und antwortet.

Wie kommst du zur Schule?

Wie lange läufst du?

Ich gehe zu Fuß.

15 Minuten.

Wie	kommst	du	zur Schule?
Wie lange	fährst läufst		nach Hause?

Ich	gehe	zu Fuß.
	laufe	… Minuten.
	fahre	mit dem Fahrrad / Bus. mit der S-Bahn.

A7 [Komposita] In der Stadt: Lest die Beispiele laut. Bildet dann weitere Komposita.

das Zebra + **der** Streifen › **der** Zebrastreifen

die Straße +

das Schild › **das** Straßenschild

fahren + **die** Karte › **die** Fahrkarte

das Auto + der Fahrer • der Sport + der Platz • fahren + das Rad • gehen + der Weg • der Bus + halten + die Stelle

★★★ **Findest du noch mehr Komposita? Schreibe wie oben in dein Heft.**

Kompositum = Wort + Wort

die Bahn + **der** Hof › **der** Bahnhof

fahren + die Karte + **der** Automat › **der** Fahrkartenautomat

A8 [1-2-alle] Rund um eure Schule: Was ist in der Nähe? Macht ein Plakat.

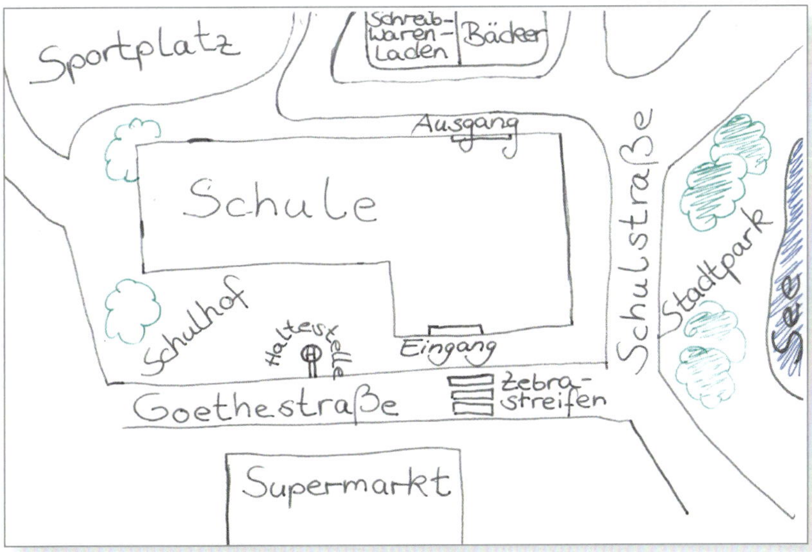

Der Sportplatz ist hier.

Daneben ist …

davor
dahinter
daneben
gegenüber
rechts
links

Die Schule ist hier.
Der Sportplatz ist dahinter.

ÜB S. 63–70

In der Stadt

10

B1 Im Straßenverkehr: Seht die Bilder an und bildet Sätze.

11 12 13 14

Der Radfahrer fährt auf dem Radweg.

A

B
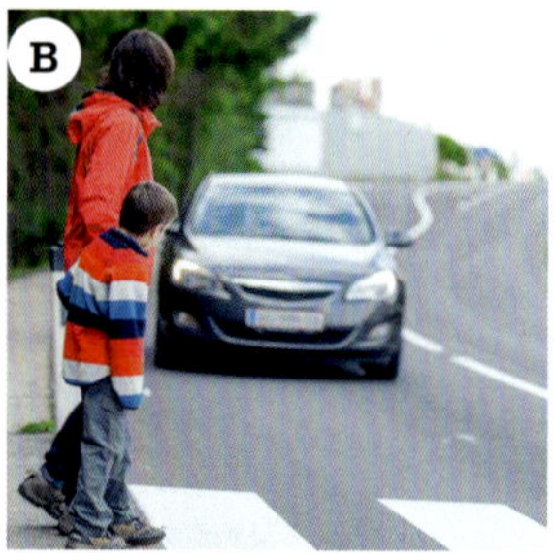

C

D

Die Fußgänger	fahren	am Zebrastreifen.
Das Auto	gehen	auf dem Radweg.
Der Radfahrer	warten	auf der Straße.
Die Jugendliche	halten	über die Straße.
Die Ampel	sein	eine Fahrkarte.
Der Bus	kaufen	rot / grün.
		an der Haltestelle.

Denkt an die Verbendung:

Das Auto hält am Zebrastreifen.

B2 [Modalverben] „müssen" oder „dürfen"?
Hört und ordnet die Sprechblasen den Bildern von Aufgabe B1 zu. 47

15 16 17

Zu Bild A passen Satz 1 und 2:
Die Autos dürfen …

1 Die Autos dürfen fahren.

2 Die Fußgänger müssen an der Ampel warten.

3 Das Auto muss halten.

4 Man muss eine Fahrkarte kaufen.

5 Die Fußgänger dürfen gehen.

6 Man darf nicht ohne Fahrkarte fahren.

B3 Schreibt die Sätze von Aufgabe B2 in euer Heft.
Markiert die Verben wie im Beispiel.

18 19 20 21 22

Schülerbuch S. 40, Aufgabe B3: Modalverben „dürfen" und „müssen"

1. Die Autos (dürfen) (fahren).

2. Die Fußgänger (müssen) an der Ampel (warten).

Modalverben
dürfen und *müssen* sind Modalverben.
Sätze mit Modalverb haben zwei Verben.
Das zweite Verb steht im Infinitiv am Satzende.

B4 Kein Unterricht am Donnerstag? Hört zu. Was ist richtig? 48

23

1. Die Klasse darf … • mit dem Flugzeug fliegen. • einen Ausflug machen.
2. Die Schüler müssen … • den Ausflug machen. • den Ausflug nicht machen.
3. Der Ausflug dauert … • einen Tag. • eine Woche.

B5 [Modalverb „können"] **Vorschläge für den Ausflug: Hört zu. Sprecht dann wie im Beispiel.** ▶ 49

24 25 26 27

▶ Wir können ein Museum besuchen. Das ist interessant.
◁ Ein Museum besuchen? Nein, das ist langweilig.

interessant • langweilig • teuer • anstrengend • gefährlich • weit weg

in den Kletterpark gehen

den Zoo besuchen

auf den Main Tower fahren

nach Paris fahren

★★★ **Macht Vorschläge für einen Ausflug für eure Klasse.**

B6 [Wechselkärtchen] **Uhrzeiten: Was passt zusammen? Hört zu und schreibt dann Kärtchen.** ▶ 50

28 29 30 31 32 33 34 35 36

Es ist vierzehn Uhr zehn.
Oder: Es ist zehn nach zwei.

6:00 | 8:30 | 8:45 | 9:15 | 13:50 | 14:10

Es ist Viertel vor neun. | Es ist halb neun. | Es ist sechs. | Es ist Viertel nach neun. | Es ist zehn vor zwei. | Es ist zehn nach zwei. | Es ist vierzehn Uhr zehn.

B7 [Aussprache] **Unterwegs-Rap: Hört zu. Achtet auf die E-Laute.** ▶ 51

B8 **E-Wörter: Hört zu und sprecht nach. Lest die Wörter dann vor.** ▶ 52

37 38 39

He! – es   zehn – sechs

gehen, stehen, sehen, unterwegs

B9 **Wie geht's? Fragt euch gegenseitig. Lächelt dabei.**

40

He, wie geht's?

He, he, unterwegs! – He, he, unterwegs!
He, wie geht's? – Wie geht's?
Ich gehe, ich gehe.
Ich gehe, gehe, gehe, …
Erste Straße rechts: die Ampel.
Ich stehe, ich stehe.
Ich stehe, stehe, stehe, …
Es ist zehn. – Nee, es ist schon sechs nach zehn!
Ich darf, ich darf nicht gehen.
Du musst, du musst hier stehen.
Das ist schlecht. – Das ist sehr schlecht!
Ich sehe meinen Bus.
Schluss!

B10 **Hört den Rap noch einmal und sprecht in Gruppen mit.** ▶ 51

ÜB S. 71–76

Sergio geht los

C1 41 42 **Donnerstagmorgen: Was macht Sergio wann? Seht die Bilder an und findet den passenden Satz.**

A

auf|stehen

B
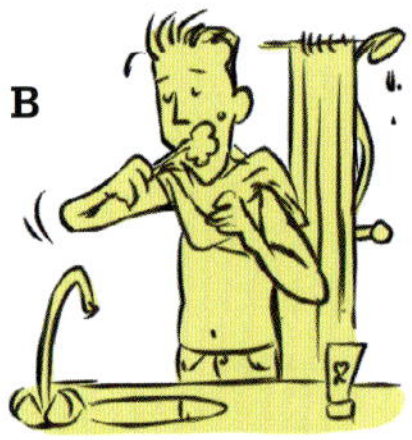
duschen, Zähne putzen und an|ziehen

C

frühstücken

D

Schulbrot ein|packen

E

los|gehen

F

ein|steigen
aus|steigen

G

an der Schule an|kommen

Bild A – Sergio steht um Viertel nach acht auf.

Er geht um fünf vor neun los.

Er duscht, er putzt seine Zähne und zieht seine Kleidung an.

Er frühstückt um halb neun. Er trinkt einen Kakao und isst ein Brot.

Sergio kommt um kurz vor halb zehn an der Schule an. Wo ist seine Klasse?

Sergio steht um Viertel nach acht auf.

Er packt ein Schulbrot und seine Trinkflasche ein.

Er steigt um zehn nach neun in den Bus ein. Er steigt an der Schule aus dem Bus aus.

C2 43 44 45 46 47 **[Trennbare Verben] Schreibe die Sätze in der richtigen Reihenfolge in dein Heft. Markiere die Verben.**

Schülerbuch S. 42, Aufgabe C2: Trennbare Verben

Sergio steht um Viertel nach acht auf.

Trennbare Verben

auf|stehen

Sergio steht um 8:15 Uhr auf.

C3 **Interview: Wann machst du was? Fragt und antwortet. Notiert die Antwort.**

Wann stehst du auf?

Ich stehe um sechs Uhr auf.

48

C4 [Fragewort „welch-“] Hört zu. Welche Antwort ist richtig? ▶ 56

49 50 51 52

1. Welcher Schüler ruft Sergio an?
   Rashed oder Yusup?

   Yusup ruft Sergio an.

2. Welches Verkehrsmittel muss Sergio nehmen?
   Den Bus oder die S-Bahn?
3. Welche S-Bahn muss Sergio nehmen?
   Die S43 oder die S3?
4. Welches Ticket hat Sergio?
   Eine Monatskarte oder eine Einzelfahrkarte?

Fragewort welch-

M der Bus › Welcher Bus ist das?
N das Ticket › Welches Ticket ist das?
F die Haltestelle › Welche Haltestelle ist das?
Pl. die Tickets › Welche Tickets sind das?

Akkusativ:
Welchen Bus nimmst du?
Ich nehme den Bus um 10:15 Uhr.

C5 Wie läuft Sergio? Hört zu und zeigt den Weg. ▶ 57

53 54 55 56

geradeaus gehen

(nach) links abbiegen

(nach) rechts abbiegen

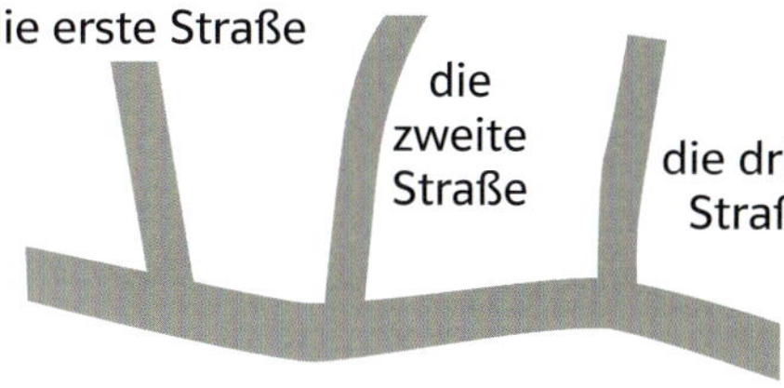

57

C6 Ratespiel: Wählt Start und Ziel. Beschreibt den Weg. Die anderen raten das Ziel.

58 59 60

Ihr müsst	geradeaus nach links nach rechts		gehen.
	erste die zweite Straße dritte	links rechts	abbiegen.
Ihr seid	am Ziel.		

★★★ Zeichnet einen Umgebungsplan eurer Schule: Wählt Start (A) und Ziel (B). Beschreibt den Weg.

ÜB S. 77–78

Unterwegs mit Bus und Bahn

D1 Informationen unterwegs: Sucht und zeigt.

61 62 63

eine Fahrkarte • ein Fahrplan • eine Haltestelle • eine Abfahrtszeit • ein Verkehrsmittel • eine Preisliste • ein Preis • ein Datum • ein Alter

A ist ein Fahrplan.

Hier ist …

A

ca. Fahrzeit in Minuten

	Neuhof
09	Rosenstraße
10	Friedhof
12	Parkstraße
14	Bahnhof West
15	Wiesenhofstraße
17	Thomaskirche
18	Kirchweg
19	Petristraße
21	Weststadt

65

nach Weststadt

ab Neuhof

Montag–Freitag

5 24 54
6 24 39 54
7 09 24 39 54

B

Verkehrsbetriebe

für Schüler und Auszubildende

Zeitkarte **Monat**

Zone 03

00 32 427 863

Kundenkartennummer

Es gelten die Beförderungsbedingungen und die Tarifbedingungen.

Gültig ab 01. Sept. 16

nur gültig in Verbindung mit der dazugehörigen Kundenkarte

67,50 €

inkl. gesetzl. MwSt.

C

	Preisstufe / Zone		
Einzelfahrkarten	1	2	3
Erwachsene	2,00 €	2,50 €	3,00 €
Kinder*	1,20 €	1,50 €	1,80 €
Zeitkarten			
Tageskarte			
Erwachsene	3,90 €	4,90 €	5,90 €
Kinder*	2,40 €	2,90 €	3,50 €
Gruppe (5 Pers.)	6,80 €	8,50 €	10,40 €
Wochenkarte			
Erwachsene	12,70 €	20,00 €	25,60 €
Schüler**	9,90 €	15,60 €	20,10 €

* von 6 bis einschließlich 14 Jahren ** ab 15 Jahren mit Berechtigungsnachweis

D2 Lies die Fragen. Suche die Antworten in Aufgabe D1. Schreibe in dein Heft.

64 65

Fahrplan
1. Wie heißt die Haltestelle?
2. Welches Verkehrsmittel fährt hier?
3. Wie lange fährt man von Haltestelle Friedhof bis Kirchweg?

Fahrkarte
1. Welches Ticket ist das?
2. Wie viel kostet das Ticket?
3. Wann ist das Ticket gültig?

Preisliste
1. Welche Fahrkarten kann man kaufen?
2. Wie viel kostet eine Einzelfahrkarte Erwachsene Preisstufe 3?
3. Ihr seid sieben Schüler. Zwei Schüler haben eine Monatskarte. Welche Fahrkarte kauft ihr?

Schülerbuch S. 44, Aufgabe D2

Fahrplan
1. Wie heißt die Haltestelle? Die Haltestelle heißt …

D3 Was ist was in einem Text? Ordnet zu.

66

der Absatz • der Text • die Überschrift • die Zeile • die Zeilennummer

A

Unterwegs in Frankfurt

B

Ich fahre jeden Tag mit der S-Bahn. Montag, Dienstag, Mittwoch, Donnerstag, Freitag. Jeden Tag mit der S2 vom Hauptbahnhof bis Haltestelle Marktplatz. Der Weg ist nicht lang, nur 14 Minuten, keine Viertelstunde. Ich steige um 7:09 Uhr ein und um 7:23 Uhr steige ich wieder aus. Sehr einfach und fast immer pünktlich.

Die öffentlichen Verkehrsmittel in Deutschland sind super, finde ich. Das ist bei uns anders. Wir haben Busse, aber wir haben keine Haltestellen und keine Fahrpläne. Man wartet an der Straße, der Bus kommt, man winkt und der Bus hält an. Oder er hält nicht an. Oder der Bus kommt nicht. Aber in Deutschland fahre ich jeden Tag um Punkt 7:09 Uhr ab und komme auch jeden Tag um Punkt 7:23 Uhr an. Das ist unglaublich!

Die Autorin Belén Garza wohnt seit drei Monaten in Frankfurt.

Heute ist Samstag und ich mache einen Ausflug. Ich fahre mit der S5 von der Endstation bis zur Endstation. Einfach so, der Weg ist das Ziel. Ich sitze und sehe die Fahrgäste an. Eine Frau steigt ein. Sie kommt und sieht mich an und sagt: „Deffischmischdohihogge?" Ich verstehe sie nicht. Ich antworte höflich: „Wie bitte?" – „Deff isch misch do hihogge?", sagt sie noch einmal. „Entschuldigung, ich verstehe Sie nicht. Sprechen Sie Deutsch?" Die Frau schüttelt den Kopf und dann sagt sie noch einmal, ganz langsam und ganz deutlich: „Deff isch misch do hihogge? Das heißt: Darf ich mich hier hinsetzen?" Endlich verstehe ich und sage: „Aber natürlich. Bitte sehr!" Die Frau setzt sich. Ich bin neugierig und frage: „Woher kommen Sie? Und welche Sprache sprechen Sie? Deffischmisch … das klingt sehr interessant." Die Frau lacht und antwortet: „Das ist Deutsch. Naja, Hessisch – wir sind ja hier in Frankfurt."

C

E

D

D4 Vorlesen üben: Hört zu und lest mit. Lest dann alleine. 58

1. Lest den Text still.
2. Überlegt: Was macht die Stimme bei den Satzzeichen? Was betont ihr?
3. Lest den Text laut vor, erst allein, dann mit Zuhörern.

Satzzeichen
der Punkt › .
das Komma › ,
das Fragezeichen › ?
das Ausrufezeichen › !
der Doppelpunkt › :
der Gedankenstrich › –
die Anführungszeichen › „ "

D5 Elfchen-Gedicht: Lies und schreibe selbst ein Elfchen. Lies dein Gedicht dann vor.

67
68

bunt
mein Fahrrad
Es ist schnell.
Ich darf weit fahren.
frei!

dunkel
die Nacht
Sie ist schön.
Ich kann nicht schlafen.
müde …

Bauplan

1. Zeile:	Adjektiv	*(1 Wort)*
2. Zeile:	Artikel + Nomen	*(2 Wörter)*
3. Zeile:	Personalpronomen [ist / sind] Adjektiv.	*(3 Wörter)*
4. Zeile:	[Ich kann / darf / muss] … Verb.	*(4 Wörter)*
5. Zeile:	Schlusswort	*(1 Wort)*

ÜB S. 79

Fragen und Anweisungen im Unterricht

E1 69 **Fragen im Unterricht: Ordnet die Sprechblasen den Bildern zu. Lest und spielt in Gruppen.**

Oh, Entschuldigung!

Darf ich bitte auf die Toilette gehen?

Kannst du bitte leise sein?
Ich muss mich konzentrieren.

Können Sie mir bitte helfen?
Können Sie das noch einmal erklären?

E2 **Deutschland – Bundesländer und Hauptstädte: Hört zu und sprecht nach. Zeigt auf der Karte rechts. Schreibt auf. Lest vor.** ▶ 59

Schülerbuch S. 46, Aufgabe E2: Deutschland – Bundesländer und Hauptstädte

Die Hauptstadt von Deutschland ist Berlin.
Deutschland hat 16 Bundesländer:

Bundesland	Hauptstadt
Baden-Württemberg	Stuttgart

Anweisungen im Unterricht
zu|hören › Hört zu.
nach|sprechen › Sprecht nach.
auf|schreiben › Schreibt auf.
vor|lesen › Lest vor.

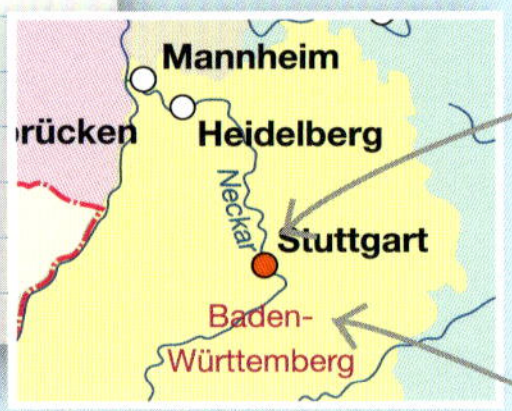

E3 **Karten lesen: Lest die Wörter vor. Zeigt auf der Karte rechts.**

die Karte — der Maßstab — die Himmelsrichtungen — ein Nachbarland — eine Stadt — ein Fluss — Deutschland — ein Meer — ein See

E4 **Orientierung in Deutschland: Lest die Karte rechts. Beantwortet die Fragen.**

1. Wie viele Nachbarländer hat Deutschland?
2. Wie heißen die Nachbarländer von Deutschland?
3. In welchem Bundesland wohnt ihr?
4. In welcher Stadt wohnt ihr?
   - Findet ihr eure Stadt auf der Karte?
   - Findet ihr eure Stadt nicht auf der Karte?
     → Welche große Stadt ist in der Nähe?

E5 70 71 **Die Himmelsrichtungen: Lest die Karte rechts. Sprecht wie im Beispiel.**

…	liegt	im Norden / Osten / Süden / Westen von Deutschland.
		nördlich / östlich / südlich / westlich von …

Stuttgart liegt südlich von Frankfurt.

Berlin liegt im Osten von Deutschland.

★★★ [Wechselkärtchen] **Wissen über Deutschland: Schreibt Kärtchen. Spielt dann.**

Extra zu: Geographie

Orientierung in Deutschland / Karten lesen

4 Essen und Trinken

A1 **Hört die Geräusche. Zeigt im Bild.** 60

der Eingang	der Verkäufer
die Flasche	die Werbung
die Kasse	das Geld

Der Eingang passt zu C.

A2 **Hört die Dialoge. Findet die Situationen im Bild oben.** 61

A3 **Lebensmittel und Getränke: Was kennst du schon? Höre dann zu und sprich nach.** ▶ 62

Achte auf den Wortakzent:
Sprich hier kurz . und hier lang _.

A4 **Sortiere die Lebensmittel in eine Tabelle in dein Heft. Ergänze die Pluralformen.**

4
5
6
7
8

Schülerbuch S. 49, Aufgabe A4: Lebensmittel

Obst	Gemüse	Getränke	...
der Apfel – die Äpfel			

★★★ **Welche Lebensmittel kennt ihr noch? Macht ein Plakat für die Klasse.**

9

A5 **Adjektiv-Ping-Pong: Wie sind die Lebensmittel? Spielt zu dritt.**

10
11
12

die Orange

Die Orange ist süß.
das Fladenbrot

Das Fladenbrot ist ...

süß sauer
kalt heiß
frisch nicht frisch alt
lecker nicht lecker

ÜB S. 87–91

Ich mag am liebsten …

B1 13 14 **Janina fragt: Hört zu. Was ist richtig?** 63

Schulradio-Reporterin Janina

1. Ihr hört eine Umfrage … • im Supermarkt. • in der Schule.
2. Das Thema ist: • Mein Einkauf. • Meine Schule. • Mein Frühstück.
3. Frau Langer mag … • nur gesundes Essen. • auch Schokolade.

B2 15 16 [gern – lieber – am liebsten] **Was magst du? Lies das Angebot der Cafeteria. Notiere deine Top 3. Sprecht dann wie im Beispiel.**

am liebsten

lieber

gern

Ich mag gern Pizza.
Ich mag lieber Brötchen.
Ich mag am liebsten Eis.

B3 17 **Interviews: Stellt in 3er-Gruppen Fragen zum Angebot der Cafeteria. Notiert und berichtet dann.**

Ich trinke am liebsten Mineralwasser.

Was trinkst du am liebsten?

Und was magst du gern?

Ich mag gern Pizza.

Kadir: am liebsten Mineralwasser, gern Pizza

Kadir trinkt am liebsten Mineralwasser. Er mag gern Pizza.

nach Vorlieben fragen
Was isst / trinkst / magst du gern?
Was isst / trinkst / magst du lieber?
Was isst / trinkst / magst du am liebsten?

B4 18 19 20 **Was ist dein Lieblingsgetränk? Fragt und antwortet. Fasst euer Ergebnis dann zusammen.**

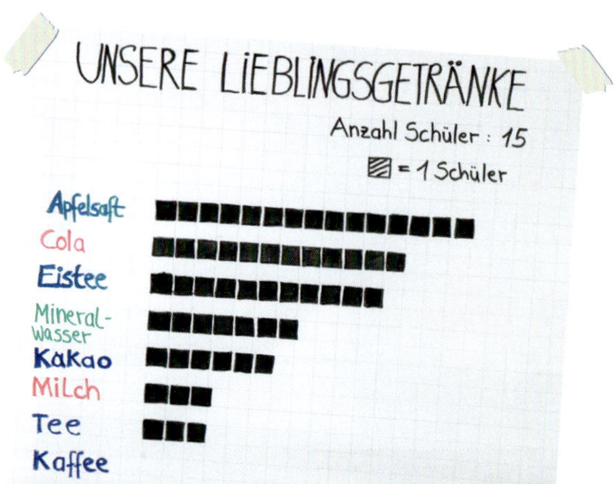

eine Statistik zusammenfassen

100 % Alle mögen … / Jeder mag …
Viele mögen …
Einige mögen …
Wenige mögen …
0 % Keiner mag …

21

B5 **Schulfrühstück in der Klasse: Wer bringt was mit? Hört zu. Sprecht dann wie im Beispiel.** 64

22
23

mit|bringen

Amer bringt Butter mit.

Frau Langer Die Schüler	bringt bringen	ein Päckchen Kaffee zwei Flaschen Apfelsaft …	mit.

B6 **★★★ Euer Schulfrühstück: Was bringt ihr mit? Diktiert eine Liste.**

24
25
26

Was bringst du mit?

Ich bringe fünf Brötchen und einen Liter Orangensaft mit.

Denke an den Akkusativ!

B7 **[Aussprache] Frühstücksrap: Hört zu und achtet auf die Ö- und Ü-Laute.** 65

B8 **Schreibt die Ö- und Ü-Wörter in eine Tabelle ins Heft. Ergänzt noch mehr Wörter mit ö und ü und lest vor.**

27
28
29
30

Schülerbuch S. 51, Aufgabe B8: Aussprache

	Ö-Laute	Ü-Laute
kurz		Frühstück
lang		Frühstück

Frühstück! Frühstück! Frühstück!
Ich möchte jetzt bitte mein Frühstück.
Hört alle mal her, hier gibt's Frühstück!
Ich möchte Brötchen zum Frühstück.
Brötchen und Müsli. – Echt lecker!
Ich möchte Gemüse zum Frühstück.
Möhren und Müsli. – Schön lecker!
Ich möchte ein Stück Schokolade.
Und ich bin noch müde.
Ach schade!

B9 **Hört den Rap noch einmal und sprecht mit. Variiert dann wie im Beispiel.** 65

31

Ich möchte Würstchen zum Frühstück. …

ÜB S. 92–98

Angaben und Anweisungen

C1 Beim Schulfrühstück: Was wollen die Schüler? ▷ 70

32 33 34 35

Die Schüler wollen …
- Unterricht machen.
- das Rezept für Sahnewaffeln haben.

g › das Gramm
kg › das Kilo(gramm)
wiegen

ml › der Milliliter
l › der Liter
fassen

C2 Langers leckere Sahnewaffeln: Welche Mengenangaben hört ihr? ▷ 71

36 37 38 39

zwei Teelöffel Backpulver

125 Gramm Zucker

40

C3 Die Klasse räumt auf: Welche Sätze hört ihr? Hört zu und wiederholt. ▷ 72

Ihr räumt jetzt alle schnell auf.	Räumt jetzt alle schnell auf!
Ihr packt die Reste ein.	Packt die Reste ein!
Aminata, du wirfst den Müll weg.	Aminata, wirf bitte den Müll weg!
Ipek und Amer, ihr macht die Tische sauber.	Macht die Tische sauber!
Kadir, du holst einen Besen.	Kadir, hol einen Besen!
Sie reservieren die Schulküche.	Reservieren Sie bitte die Schulküche!

C4 [Imperativ] Vergleicht die Sätze in Aufgabe C3. Wie bildet man den Imperativ? Schreibt eine Tabelle ins Heft wie im Beispiel.

41 42 43 44

Schülerbuch S. 52, Aufgabe C4: Der Imperativ

du	ihr	Sie
Du wirfst den Müll weg.	Ihr räumt jetzt alle schnell auf.	Sie reservieren die Schulküche.
Wirf bitte den Müll weg!	Räumt jetzt alle schnell auf!	Reservieren Sie die Schulküche!

C5 Lest den Comic. Ergänzt die Imperativformen von „sein" in eurer Tabelle.

45

C6 Macht Gymnastik! Würfelt und gebt eine Anweisung.

46

› du
› ihr
› Sie

auf|stehen

eine Kniebeuge machen

Arme aus|strecken

Steht bitte auf!

in die Hocke gehen

hoch|hüpfen

leise sein

auf Händen und Füßen laufen

auf einem Bein stehen

47

C7 Amer kauft ein: Hört zu und lest. Macht dann eigene Dialoge. 73

48

- ▶ Entschuldigung, haben Sie **Oliven**?
- ◁ Ja. Hier **sind Oliven**.
- ▶ Wie viel kosten **die Oliven**?
- ◁ **Ein Glas kostet** 1,49 Euro.

Saft 1,59 € / Flasche

Oliven 1,49 € / Glas

Chips 2,39 € / Tüte

Tomaten 1,99 € / kg

Schokolade 0,69 € / Tafel

Eier 2,79 € / 10er-Packung

Sprich so:
1 Glas kostet …
2 Gläser kosten …

1,49 €
› einen Euro neunundvierzig

C8 Einkaufsdialog: Wer sagt was? Hört und sortiert. Macht dann eigene Dialoge. 74

49 50 51 52 53

Guten Tag! • Was darf es sein? • Ich möchte bitte … • Ist das alles? • Geben Sie mir bitte noch … • Noch etwas? • Danke, das ist alles. • Wie viel macht das? • Das macht … €. • Danke schön. • Auf Wiedersehen!

Schülerbuch S. 53, Aufgabe C8: Einkaufsdialog

die Kundin	der Verkäufer
Guten Tag! →	Guten Tag!
←	Was darf es sein?

ÜB S. 99–103

Was essen wir heute?

D1 **Amers Koch-Blog: Lies das Rezept. Bringe die Fotos und die Buchstaben in die richtige Reihenfolge. Was backt Amer?**

Amers Spezialität

Zutaten:
125 g Butter
3 Eier
1/2 TL Salz (oder 1 TL Gemüsebrühe)
250 g Mehl
1 TL Backpulver
125 ml Wasser
50 g Oliven (schwarz, ohne Kerne)
50 g Käse (Feta oder Gouda)

Zubereitung:
- alle Zutaten abwiegen und abmessen
- die Oliven und den Käse ganz klein schneiden
- die Butter cremig rühren, Eier und Salz hinzufügen
- das Waffeleisen anmachen
- Mehl, Backpulver abwechselnd mit Wasser unterrühren
- Oliven und Käse in den Teig geben und die Waffeln backen

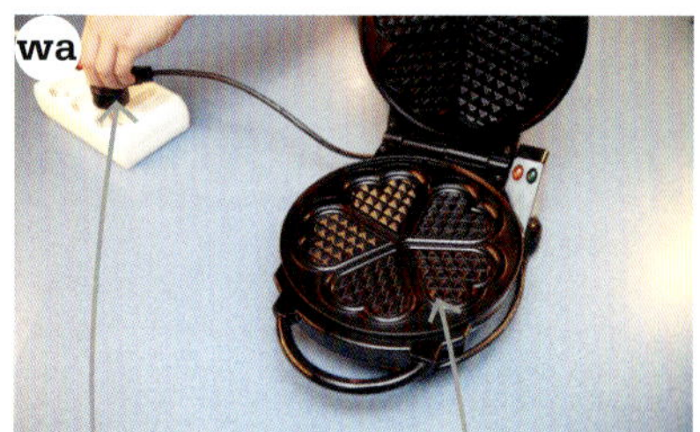

D2 **Schreibe den Text zu den Fotos wie im Beispiel in dein Heft. Benutze die Zeitadverbien. Vergleiche mit der Zubereitung im Rezept oben.**

54 55 56

Zeitadverbien

zuerst → dann → jetzt → danach → anschließend → zum Schluss

Zuerst Dann Danach Jetzt Anschließend Zum Schluss	rührst gibst backst schneidest	du	die Butter cremig und den Teig in das Waffeleisen. die Waffel knusprig. die Oliven und den Käse ganz klein. die Oliven und den Käse in den Teig und	
	wiegst und misst fügst rührst machst		alle Zutaten die Eier und das Salz Mehl und Backpulver abwechselnd mit Wasser das Waffeleisen	ab. ab. hinzu. unter. an.

Schülerbuch S. 54, Aufgabe D2: Amers Spezialität

Zuerst wiegst und misst du alle Zutaten ab.
Dann ...

D3 Fastfood: Was isst man? Wie ist das? Sprecht.

57 58

Man isst Brötchen und …

Das ist …

lecker • fettig • gesund • ungesund • …

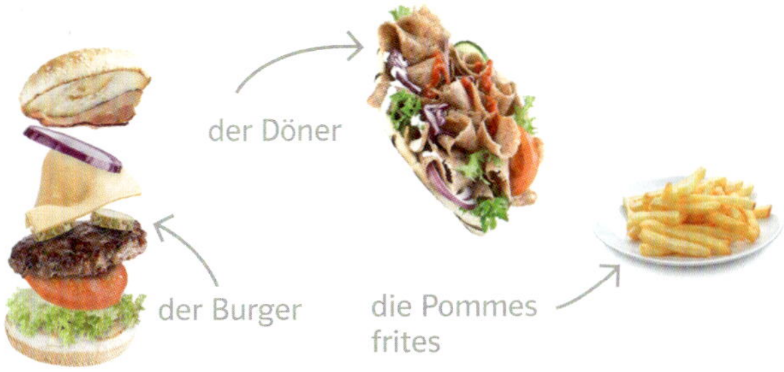

D4 Die Ernährungsexpertin rät: Lest das Interview in der Schülerzeitung „Bleistift" mit verteilten Rollen.

59 60 61

Bleistift: Frau Kramer, Jugendliche essen gern Fastfood. Sie wollen am liebsten täglich Burger essen. Warum ist das nicht gesund?

TK: In Fastfood ist meistens zu viel Fett, oft auch zu viel Salz. Das macht müde und dick. Ab und zu ein Burger, das ist okay für Jugendliche. Aber esst nicht täglich Fastfood!

Bleistift: Ich will natürlich lieber gesund und fit sein. Was soll ich also essen?

TK: Beachte die „5-am-Tag-Regel". Iss täglich fünf Hände voll Obst und Gemüse. Und trinke viel Wasser.

Bleistift: Ich will einen Tag gesund essen. Was esse ich?

TK: Die Deutsche Gesellschaft für Ernährung gibt Tipps. Kennst du den „Ernährungskreis"? Er teilt Lebensmittel in sieben Gruppen ein. Gruppe 1 sind Getreide und Kartoffeln, Gruppe 2 Gemüse und Salat, Gruppe 3 Obst, Gruppe 4 Milch und Milchprodukte, Gruppe 5 Fleisch, Wurst, Fisch und Eier, Gruppe 6 Fette und Öle und Gruppe 7 Getränke. Jeden Tag soll man Lebensmittel aus jeder Gruppe essen.

Bleistift: Und wie viel?

TK: Das zeigt der Kreis auch gut. Gruppe 6 ist klein, das heißt: Iss wenig aus Gruppe 6.

Bleistift: Vielen Dank für das Interview, Frau Kramer.

Tanja Kramer ist Ernährungsexpertin für Jugendliche. Sie schreibt Kochbücher und gibt Kochkurse.

D5 Welche Tipps gibt die Expertin? Schreibe alle Imperativ-Sätze ab. Markiere das Verb.

Schülerbuch S. 55, Aufgabe D5: Die Ernährungsexpertin rät

„Esst nicht täglich Fastfood."

Modalverb *sollen*
Anweisungen oder Tipps kannst du mit dem Modalverb *sollen* wiedergeben.

sollen (nicht) … + Infinitiv

Man soll (nicht) viel essen.

D6 Was soll man (nicht) essen? Gebt die Tipps der Expertin wieder.

62 63 64 65 66

„Esst nicht täglich Fastfood!" →
Man soll nicht täglich Fastfood essen.

D7 [1-2-alle] Esst ihr gesund? Sprecht über eure Ernährung. Macht ein Plakat.

67 68 69

Ich muss viel …

Ich darf nie / selten …

Ich kann manchmal …

Ich will sehr oft …

Ich soll oft …

Alphabet und Nachschlagen üben

Das Alphabet

A B C D E F G H I J K L M N O P Q R S T U V W X Y Z
a b c d e f g h i j k l m n o p q r s t u v w x y z

E1 **Schreibt ein Lebensmittel-ABC.**

der Apfel
die Banane

E2 **Sortiert die Lebensmittel nach dem Alphabet. Kontrolliert euch gegenseitig oder mit dem Wörterbuch.**

B: die Butter, die Brezel, das Brötchen, die Banane, das Brot

E: das Ei, das Eis, die Erdbeere, der Eistee

S: die Sahne, der Salat, das Salz, das Schwarzbrot, der Saft, die Salami, die Schokolade

M: die Milch, das Mineralwasser, das Mehl, das Müsli, die Möhre, die Marmelade

E3 [1-2-alle] **Nachschlagen: Wie heißt der Plural? Schlage fünf Lebensmittel-Wörter aus der Lektion im Wörterbuch nach. Bildet gemeinsam Plural-Gruppen.**

Ap·fel *der* <-s, Äpfel>
Ba·na·ne *die* <-, -n>

-/¨	der Apfel, die Äpfel das Brötchen, die Brötchen
-e/¨e	das Brot, die Brote
-(e)n	die Banane, die Bananen
-er/¨er	
-s	

E4 **Im Unterricht: Ordnet zu. Braucht ihr Hilfe? Schlagt im Wörterbuch nach.**

A

B

C

D

E
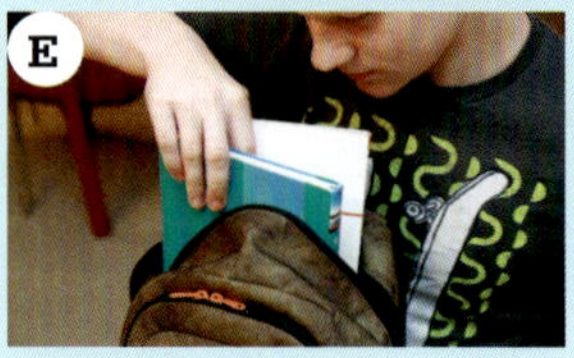
F

G

H

Schlagt das Buch auf Seite 48 auf!
Nehmt eure Bücher heraus!
Bringt morgen euer Sportzeug mit!
Kreuz bitte an!
Schreib den Text ab!
Setzt euch bitte hin!
Lies den Text vor!
Hört bitte zu!

So findet ihr diese Wörter im Wörterbuch:
Schlagt im Wörterbuch nach!
› Infinitiv: nachschlagen
nach·schla·gen <schlägst nach, …

Extra zu: Mathematik

Terme versprachlichen

E5 **Die Grundrechenarten: Lest. Ordnet die Sätze in den Sprechblasen der Grundrechenart zu.**

die Addition

erster Summand → 3 + 4 = 7 ← zweiter Summand

die Summe → 7

die Subtraktion

der Minuend → 7 − 4 = 3 ← der Subtrahend

die Differenz → 3

die Multiplikation

erster Faktor → 3 · 4 = 12 ← zweiter Faktor

das Produkt → 12

die Division

der Dividend → 12 : 4 = 3 ← der Divisor

der Quotient → 3

Die Differenz von 7 und 4 beträgt 3.

Das Produkt von 3 und 4 beträgt 12.

Ich subtrahiere 4 von 7. Ich erhalte 3.

Die Summe von 3 und 4 beträgt 7.

Der Quotient von 12 und 4 beträgt 3.

Ich multipliziere 3 mit 4. Ich erhalte 12.

Ich dividiere 12 durch 4. Es ergibt sich 3.

Ich multipliziere 3 und 4. Es ergibt sich 12.

Ich addiere 3 zu 4. Es ergibt sich 7.

Ich addiere 3 und 4. Ich erhalte 7.

E6 **Terme mit Worten formulieren: Bilde sinnvolle Sätze. Schreibe eine Tabelle in dein Heft wie im Beispiel.**

Addiere Subtrahiere Multipliziere Dividiere	4 12	zu mit durch von und	12. 4.

Schülerbuch S. 57, Aufgabe E6: Terme mit Worten formulieren

Beschreibung	Term	Ergebnis
Addiere 4 zu 12. oder: Addiere 4 und 12.	4 + 12 =	16

E7 ★★★ **Formuliere die Terme mit Nomen. Finde eigene Beispiele.**

Bilde die Summe von 4 und 12.

Bilde den Quotienten von …

Bilde …

ÜB S. 108–110

5 Freizeit

A1 **Freizeitaktivitäten: Lest oben. Spielt Pantomime und ratet.**
★★★ Welche Aktivitäten kennt ihr noch? Spielt und benennt.

1 2 3

lesen

A2 **Was kann man an der Schule machen? Lest den Aushang und sprecht.**
★★★ Ergänzt den Tag und die Uhrzeit.

Arbeitsgemeinschaften (AGs) an der Goetheschule

	Montag	Dienstag		Mittwoch	Donnerstag		Freitag
13⁴⁰–15¹⁵ Uhr	Kochkurs international	Schulband „The Goe"	Schülerzeitung „Bleistift"	Schulradio „Welle"	Chor	Tischtennis-AG	Schwimm-AG
15²⁰–16⁵⁵ Uhr	Jazztanz-AG	Djembe-Trommelkurs		Basketball-AG	Volleyball-AG		Fußball-AG

Die AGs finden ab Oktober statt. Bitte meldet euch bis zum 23.09. an.

Man kann in der Schwimm-AG schwimmen.

Man kann freitags um 13:40 Uhr in der Schwimm-AG schwimmen.

im Kochkurs • im Chor • im Schulradio • im Trommelkurs • in der Schulband • in der ...-AG

A3 **Hört die Dialoge. Welches Bild oben passt? Ordnet zu.** ▷ 75

4

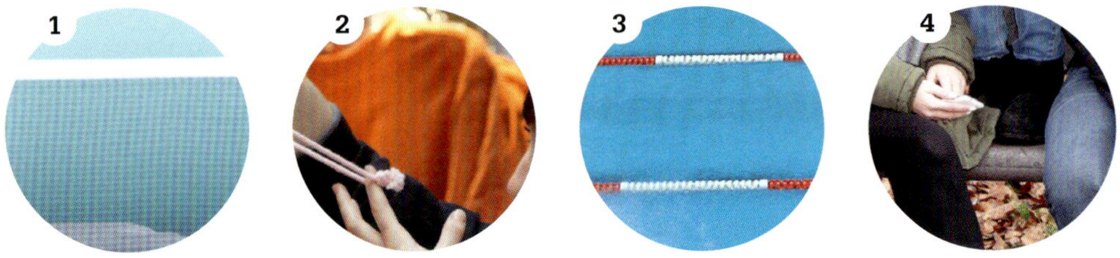

Dialog 1 passt zu Bild E, Tischtennis spielen.

A4 **Kommst du mit? Hört und sprecht. Macht dann eigene Dialoge.**
★★★ Sprecht immer zweimal: Sagt zu und sagt ab. 76

▶ Bald ist das Konzert von unserer Schulband! Da gehe ich hin. Kommst du mit?
◁ Wann ist das Konzert?
▶ Am 2. Oktober um 18:30 Uhr.
◁ Schade, am 2. Oktober kann ich leider nicht.

das Konzert von unserer Schulband
am 2.10. um 18:30 Uhr

zusagen
Ja, gern.
Ich komme mit.

absagen
Tut mir leid,
da habe ich keine Zeit.

Was?	die Schuldisco	das Vorsingen für den Chor	das Tischtennisturnier
Wann?	am 31.08. um 18:30 Uhr	am 26.09. um 14:30 Uhr	am 8.10. um 15 Uhr

Der Wievielte? So bildest du die Ordinalzahlen:
Zahl + Endung -te:
2. › zwei + **-te** = der/die/das Zwei**te**

bei Zahlen ab 20: Endung -ste:
20. › zwanzig + **-ste** = der/die/das Zwanzig**ste**

1. = der/die/das **Erste**
3. = der/die/das **Dritte**
7. = der/die/das **Siebte**
8. = der/die/das **Achte**

Das Datum
Wann ist das Schulfest?
Am 2.5. › Am zwei**ten** Fünf**ten.** / › Am zwei**ten** Mai.

A5 **Der Wievielte? Schreibe die Übersicht von Aufgabe A4 in dein Heft. Vergiss das Datum nicht.**

Schülerbuch S. 59, Aufgabe A5: Der Wievielte? 30.10.2016

In Formularen steht oft TT.MM.JJJJ.
› Dort musst du ein Datum eintragen: Tag (TT), Monat (MM), Jahr (JJJJ)

A6 **Was machen Jugendliche am liebsten? Lest die Statistik. Fragt und antwortet.**

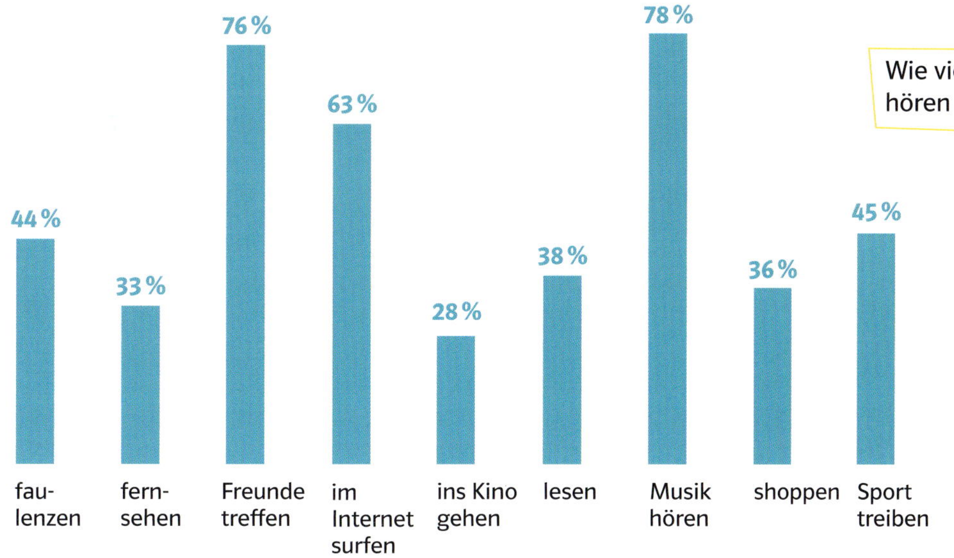

Wie viel Prozent der Jugendlichen hören am liebsten Musik?

78 Prozent der Jugendlichen hören am liebsten Musik. Das ist der erste Platz.

A7 **Was macht ihr gern? Macht eine Umfrage in der Klasse.**
★★★ Vergleicht die Ergebnisse mit der Statistik in A6.

Was machst du gern?

Ich faulenze gern. Und du?

Zehn Schüler faulenzen gern. Das ist der … Platz. In der Statistik in A6 ist das der achte Platz.

faulenzen: IIII
singen: II

ÜB S. 111–117

Verabredungen

B1 **Hört das Gespräch. Was ist richtig?** ▶ 77

12
13
14

1. Keying und Aminata möchten … • Tischtennis spielen. • zusammen einkaufen gehen.
2. Aminata möchte … • zuerst Hausaufgaben machen. • nach der Schule gehen.
3. Keying möchte … • um 14:00 Uhr gehen. • um 15:40 Uhr gehen.

B2 **Sich verabreden: Wer sagt was? Hört und sortiert. Schreibt in euer Heft.** ▶ 78

15

Am Dienstag um 3 Uhr. • Ich möchte ins Schwimmbad gehen. • Ja, gern. • Aber ich kann erst um 5 Uhr. • Kommst du mit? • Wann möchtest du gehen? • 5 Uhr geht auch. • Dienstag ist gut.

Schülerbuch S. 60, Aufgabe B2: Sich verabreden TT.MM.JJJJ

Person 1 Person 2

Ich möchte ins Schwimmbad gehen.
Kommst du mit? → Ja, gern. Wann möchtest du gehen?

16

B3 **Verabrede dich mit einem Freund. Spielt eure Dialoge vor.**

17

heute • morgen • übermorgen • in einer Woche • am …

Heute möchte ich ins Kino gehen. Kommst du mit?

zu einem Fußballspiel

ins Kino

in die Schuldisco

in den Park

18

B4 **Im Secondhandladen: Hört zu. Spielt eigene Dialoge.** ▶ 79

19
20
21
22
23
24
25

Die Jacke gefällt mir gut!

Echt? Die Jacke gefällt mir nicht so gut.

… gefällt mir
… gefallen mir

sehr gut.
gut.
nicht so gut.
nicht.
gar nicht / überhaupt nicht.

die Hose

das T-Shirt

der Pullover

die Strümpfe

die Mütze / die Baseballkappe

das Kleid

der Schal

die Schuhe

26 27

B5 Tauscht Kleidungsstücke. Sprecht wie im Beispiel.

... passt dir (nicht).
... ist zu klein / zu groß.

... steht dir (nicht).
... steht dir gut.
Sieht cool / gut / super / ... aus.
Die Farbe / Grün / Blau / ... steht dir (nicht).

28 29 30 31 32 33

B6 Eine Voice-Mail an Rashed: Wann schickt Aminata die Mail und was sagt sie? ▶ 80

Aminata schickt die Mail am ...
- Donnerstagabend.
- Freitagmorgen.

Wo bist du heute?	Wo warst du gestern?
Die Schule ist okay.	Die Schule war gestern okay.
Der Laden hat schöne Klamotten.	Der Laden hatte schöne Klamotten.
Ich habe leider kein Geld.	Ich hatte leider kein Geld.

Präteritum

	sein	*haben*
ich	war	hatte
du	warst	hattest
er	war	hatte

B7 [Aussprache] Freizeit-Rap: Hört zu. Achtet auf Z / z und ts. ▶ 81

34

B8 Hört die Wörter und sprecht nach. Sprecht langsam und deutlich. ▶ 83

nichts Rätsel Zeit ganz Satz jetzt Zahl Zimmer Zoo
Zeitung Pizza Konzert setzen tanzen faulenzen

nicht...s — Rät...sel — T...seit – Zeit

B9 Z-Wörter: Hört ihr ein Z-Wort? Dann meldet euch. ▶ 84

35 36

B10 Hört den Rap noch einmal und sprecht mit. ▶ 81

B11 [1-2-alle] Sammelt eigene Z-Wörter und macht ein Plakat. Übt die Wörter.

37

Brezel Zug vierzig
schwarz Platz
zuhören
Rezept

Zeit, Zeit, Zeit, Zeit, ...
Freizeit! Freizeit!
Vierzehn, fünfzehn, sechzehn Uhr ...
Ich hab Zeit. Was mach ich nur?
Ins Konzert gehen? Zeitung lesen?
Pizza essen? Rätsel lösen?
Sekunden zählen? Tanzen gehen?
Faulenzen ist auch ganz schön!
Sätze üben? Zählen? Zoo?
Es ist zu spät jetzt! Sowieso!
Siebzehn, achtzehn, neunzehn Uhr ...
Nichts tun! Nichts tun! – Faulenzt nur!
Zeit, Zeit, Zeit, Zeit, ... Freizeit! Freizeit!

ÜB S. 118–124

Was hast du gemacht?

38 39

C1 Wann war das? Hört das Gespräch und ordnet zu. ▷ 86

1. Aminata hat über 20 Minuten gewartet.
2. Keying hat Tischtennis gespielt.
3. Die Tischtennis-AG hat länger gedauert.

13:40–15:15 Uhr → 15:15–15:35 Uhr → 15:40–16:00 Uhr → jetzt

40

C2 Entschuldigungen: Hört zu. ▷ 87
Sprecht wie im Beispiel und beendet die Sätze.

Mein Wecker hat nicht 

Der Bus ist nicht 

Die S-Bahn ist zu spät 

Ich habe noch Hausaufgaben 

Ich habe nicht auf die Uhr 

Ich habe Fußball 

Meine AG hat länger 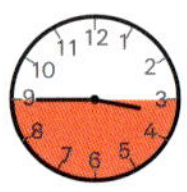

Ich habe eine Freundin 

Ich habe noch im Supermarkt 

Ich bin zu spät 

gefahren. • eingekauft. • geklingelt. • aufgestanden. • gedauert. • gekommen. • gemacht. • getroffen. • gespielt. • gesehen.

Tut mir leid, ich bin zu spät!
Mein Wecker hat nicht geklingelt.

C3 [Perfekt] Schreibe die Sätze von Aufgabe C1 und C2 in dein Heft.
Markiere die Verben wie im Beispiel.

41 42 43 44 45 46 47

Schülerbuch S. 62, Aufgabe C3: Das Perfekt TT.MM.JJJJ

Aminata (hat) schon 20 Minuten (gewartet).

Keying (hat) Tischtennis (gespielt).

Das Perfekt
bildet man so:
haben oder sein + Partizip II des Verbs

Das Partizip II sieht meistens so aus:
ge-Verbstamm-t › gespielt
ge-Verbstamm-en › gefahren

Das Partizip II von trennbaren Verben sieht so aus:
eingekauft
aufgestanden

C4 Perfekt mit „haben" oder „sein"? Ordnet die Bilder zu.

1. Aminata hat auf dem Schulhof gewartet.
2. Dann ist sie mit Keying zur Bushaltestelle gelaufen.
3. Der Bus ist gleich gekommen.
4. Sie sind eingestiegen und in die Stadt gefahren.
5. Die Mädchen haben ein Eis gekauft.

Verben der Ortsveränderung bilden das Perfekt mit *sein*.
A → B

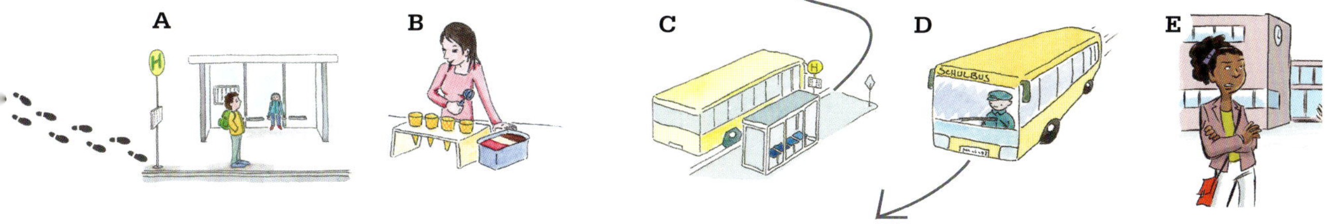

C5 Sortiere die Verben von Aufgabe C3 und C4. Schreibe in dein Heft.

48 49 50 51

Schülerbuch S. 63, Aufgabe C5 — TT.MM.JJJJ

Perfekt mit „haben"	Perfekt mit „sein"
hat ... gewartet	ist ... gefahren

★★★ Was denkst du? Perfekt mit „haben" oder „sein"?

(essen) gegessen (lernen) gelernt (schwimmen) geschwommen (rennen) gerannt

C6 [Wechselkärtchen] Freizeitaktivitäten: Schreibt Kärtchen wie im Beispiel. Spielt.

52 53 54

in die Schuldisco / ins Konzert / in den Park gehen • Essen kochen • viel singen • ein Buch lesen • viel tanzen • Eis essen • im Hallenbad schwimmen • Fahrrad fahren • nur faulenzen • Musik hören • Deutsch lernen • am Computer spielen

gegangen • gefaulenzt • gekocht • gelernt • gehört • gesungen • gelesen • getanzt • gegessen • gespielt • geschwommen • gefahren

spielen → er spielt / er hat gespielt

fahren → er fährt / er ist gefahren

★★★ Bildet auch Sätze im Perfekt.

Ich habe mit Ali am Computer gespielt.

Lerne Verben immer so:
spielen – er spielt – er hat gespielt

55

C7 Fragt und antwortet. Benutzt die Zeitangaben.

56

letztes Jahr → letzten Monat → letzte Woche → vorgestern → gestern → heute

Was hast du letztes Jahr gemacht?

Letztes Jahr habe ich viel Deutsch gelernt.

Hast du gestern gekocht?

Ich habe gestern Spaghetti gekocht. Das war lecker!

Was hast du vor einem Jahr gemacht?

Vor einem Jahr bin ich nach Deutschland gekommen.

vor einem Jahr / Monat / Tag
vor einer Woche
vor 2 Jahren / Monaten / Wochen / Tagen

ÜB S. 125–127

Schneller – höher – weiter

57

D1 **Lies den Bericht über die Bundesjugendspiele. Lies dann die Sätze und ordne zu.**

Alle Jahre wieder: Schneller – höher – weiter!

Viele von euch mögen Sport. Ihr seid in einer Sport-AG oder macht in eurer Freizeit Sport in einem Verein. Einmal im Jahr steht die Leichtathletik im Mittelpunkt in der Schule: Die Bundesjugendspiele finden statt. Alle Schüler müssen rennen, springen und werfen. Am letzten Dienstag war es auch bei uns an der Goetheschule wieder so weit. Das Wetter war super und es gab vier neue Schulrekorde. Drei bei den Mädchen: Sandra Brevic hat am weitesten geworfen, Aminata Konaté ist am schnellsten gelaufen und Keying Lu ist am höchsten gesprungen. Bei den Jungen war Nick Bangert am besten. Wir gratulieren! Hier die besten Ergebnisse:

Weitwurf

1. Sandra Brevic 40 m
2. Selma Topac 33 m
3. Ipek Burtalik 27 m

1. Ivo Kovac 62 m
2. Maxi Röhn 58 m

100-Meter-Lauf

1. Aminata Konaté 14,0 s
2. Cindy Kovac 14,1 s
3. Jennifer Pelzig 15,2 s

1. Nick Bangert 13,0 s
1. Bastian Fitz 13,0 s

Hochsprung

1. Keying Lu 1,30 m
2. Sophia Stößer 1,28 m
2. Linda Koch 1,28 m

1. Nick Bangert 1,55 m
2. Roman Dyashuk 1,50 m

1. Die Bundesjugendspiele finden …
2. Alle Schüler müssen Leichtathletik machen, das heißt …
3. Die Mädchen hatten dieses Jahr …
4. Keying ist am höchsten …

A gesprungen.
B einmal im Jahr statt.
C laufen, werfen und springen.
D die meisten Rekorde.

D2 [Komparation] **Lies die Ergebnisse der Bundesjugendspiele. Ergänze die Sätze.**

58
59
60

weiter — am weitesten — schneller — am schnellsten — hoch — höher — gut — besser

1. Selma hat … geworfen als Ipek.
   Sandra hat … geworfen.
2. Cindy ist … gelaufen als Jennifer.
   Aminata ist … gelaufen.
3. Sophia ist so … wie Linda gesprungen.
   Keying ist … gesprungen als Sophia und Linda.
4. Nick war beim Hochsprung … als Roman.
   Beim 100-Meter-Lauf war er so … wie Bastian.

61

D3 **Vergleiche: Sortiere die Sätze von Aufgabe D2. Markiere.**

62
63

Schülerbuch S. 64, Aufgabe D3: Vergleiche — TT.MM.JJJJ

= so … wie …	≠ …er als …
Sophia ist so hoch wie Linda gesprungen.	Selma hat weiter geworfen als Ipek.

Vergleichen

+ schnell — *Grundform*
++ schneller — *Komparativ*
+++ am schnellsten — *Superlativ*

= so schnell wie   ≠ schneller als

D4 [1-2-alle] **Was ist in eurer Klasse gleich oder ungleich? Schreibt Vergleiche. Lest dann vor und überprüft.**

64

Stimmt nicht!
Ich bin größer als Ipek.

Abilena ist so groß wie Ipek.

D5 Am Schwarzen Brett: Lies die Sätze und die Anzeigen. Was passt zusammen?

65 66 67

1. Cindy braucht neue Sportschuhe.
2. Konrad liest gern und sehr viel. Er möchte neue Bücher lesen.
3. Semra mag Sprachen. In Deutsch und Englisch ist sie gut.
4. Sergios Kleidung ist zu klein, er braucht neue Hosen und Pullover.
5. Nadine trifft gern neue Leute und hat viel Zeit.

> Zu Cindy passt Anzeige E.
> Sie braucht Sportschuhe.
> Marco bietet Sportschuhe.

A
Gefällt dir! Der Secondhandladen
Du suchst tolle Kleidung für wenig Geld? Komm zu uns!
Du bezahlst 10 € und bekommst 1 kg „neue" Kleidung.
Öffnungszeiten: Mo bis Fr von 9:30–19:00 Uhr,
Sa von 10:00–21:00 Uhr.
Akazienstraße 15, 65933 Frankfurt
Besuche auch unser Café: Ab einem Einkauf von 20 € bekommst du einen Kaffee oder Tee umsonst!
Noch Fragen? Du kannst uns auch schreiben:
gefällt_dir@mail.de

B
Hilfe! Ich muss schnell besser Deutsch sprechen. Willst du Farsi oder Niederländisch lernen? Wir können tauschen: Sprachunterricht gegen Sprachunterricht.
Rashed, 01677 6756434

C
Tausche Bücher gegen Bücher. Egal was.
Habe auch Bücher auf Englisch und Spanisch.
Nadeshda, 11b
nadB@mail.de

D
Wir sind neu an der Schule. Wer zeigt uns die Stadt und die Schule? Oder geht mit uns ins Kino oder ... Wir heißen Sam und Kim, sind total nett und machen gern Sport. Suche uns auf Instagram Sam_Kim_neu

E
Biete **Tennisschläger**, noch sehr gut, Tenniskleidung Größe M und Sportschuhe Größe 39.
Melde dich bei Interesse.
Marco, mafichera@mail.de

D6 Welche Anzeige interessiert dich? Schreibe zurück.
★★★ Decke den Kasten rechts ab und schreibe ohne Hilfe.

Schülerbuch S. 65, Aufgabe D6 TT.MM.JJJJ
Hallo ...,
ich habe deine Anzeige gelesen. Ich ...
Viele Grüße
...

Ich interessiere mich für ...
... interessiert mich.

Ich möchte gern noch wissen:
Wie ...? Wo ...? Wann ...?

So kannst du mich erreichen: ...
Meine Telefonnummer / E-Mail-Adresse / ... ist ...

Ich freue mich auf deine Antwort.

68

D7 Was bietest oder suchst du? Schreibe eine Anzeige.
Hängt eure Anzeigen ans Schwarze Brett in der Klasse. Wer kann helfen?

Was?
Wie?
Wer?
Kontakt?

D8 ★★★ Sucht in Zeitungen und Zeitschriften interessante Anzeigen und stellt sie vor. Können alle die Texte lesen? Welche Anzeige ist am lustigsten / kürzesten / interessantesten / ... ?

5E Recherchieren

E1 **Freizeitaktivitäten für Jugendliche in eurer Schule und in eurem Wohnort: Wo findet ihr Informationen? Klärt eure Fragen. Sammelt noch mehr Ideen.**

das Schwarze Brett
› wo? – am Schwarzen Brett

das Sekretariat
› wo? – im Sekreteriat

die Schulhomepage
› wo? – auf der Schulhompage

das Internet
› wo? – im Internet

das Rathaus
› wo? – im Rathaus

das Jugendhaus / der Jugendtreff
› wo? – im Jugendhaus / Jugendtreff

die Bibliothek
› wo? – in der Bibliothek

?

Wo ist das Rathaus?

Das Rathaus ist in der Marktstraße.

Kennst du die Adresse von unserer Schulhomepage?

Nein. Komm! Wir fragen im Sekretariat.

E2 **Recherchieren im Ort: Sammelt Materialien und bringt sie mit. Berichtet in der Klasse.**

der Flyer

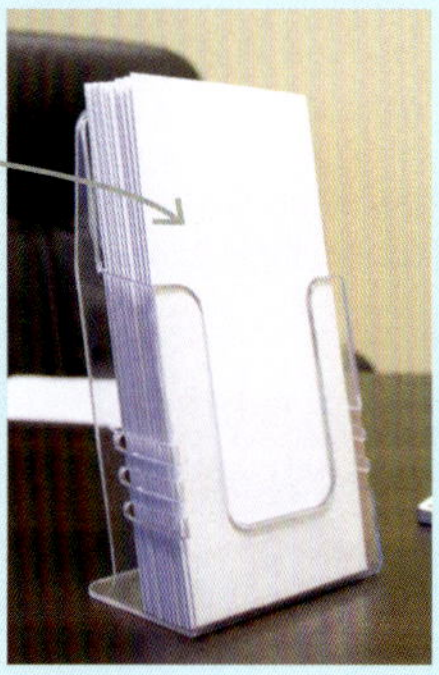

Wir waren im Jugendhaus. Da haben wir einen Prospekt mitgenommen. …

Ich habe ein Plakat in der Stadt gesehen. …

das Plakat

der Prospekt

E3 **Recherchieren im Internet: Findet ihr noch mehr Ideen für eure Freizeit auf der Orts- oder Schulhomepage? Berichtet in der Klasse.**

Auf der Ortshomepage Auf der Schulhomepage	habe haben	ich wir	eine Übersicht über … Informationen über … …	gefunden.

E4 **Welche Orte sind für euch noch wichtig? Was müssen Jugendliche in eurer Stadt wissen? Macht ein Plakat. Hängt es in der Klasse oder in der Schule auf.**

Was?

Wo?

Wann?

Wie viel kostet das?

Extra zu: Mathematik

Größen versprachlichen

E5 **Zeiten und Längen: Was fehlt? Sprecht und ergänzt.**

Zeiten		**Längen (Strecken)**	
die Sekunde	1 s	der Millimeter	1 mm
die Minute	1 min = … s	der Zentimeter	1 cm = … mm
die Stunde	1 h = … min	der Dezimeter	1 dm = … cm
der Tag	1 d = … h	der Meter	1 m = … dm
die Woche	1 Woche = … d		= … cm
der Monat	1 Monat = ca. … Wochen = ca. … d	der Kilometer	1 km = … m
das Jahr	1 a = … Monate = … d		

Eine Minute hat 60 Sekunden.

Zehn Millimeter sind ein Zentimeter.

Die Sekunde kürzt man mit „s" ab.

E6 **Schreibe die Tabelle von Aufgabe E5 in dein Heft. Ergänze.**

Schülerbuch S. 67, Aufgabe E6: Zeiten und Längen TT.MM.JJJJ

Zeiten		Längen (Strecken)	
die Sekunde	1 s		
die Minute	1 min = 60 s		

E7 **Zu jeder Angabe passt noch eine Formulierung. Ordnet zu und sprecht.**

Die Busfahrt dauert eine Viertelstunde. • Ich bin 167 cm groß. • Ich laufe 1000 m in dreieinhalb Minuten. • Der Unterricht beginnt um zwanzig vor acht. • Mein Schulweg ist zweieinhalb km lang.

A

Um sieben Uhr 40 fängt die Schule an.

B

Für meinen Schulweg brauche ich 15 Minuten.

C
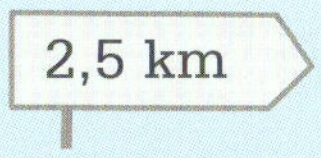

Bis zur Schule sind es zwei Komma fünf Kilometer.

D
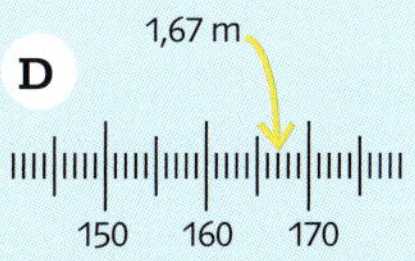

Ich bin einen Meter 67 groß.

E

Für 1000 m brauche ich drei Minuten 30 Sekunden.

E8 ★★★ **Formuliere kleine Textaufgaben. Löse die Aufgaben von deinen Mitschülern.**

Für meinen Schulweg brauche ich 15 Minuten. Ich gehe um 7:20 Uhr los. Wann bin ich in der Schule?

Mein Schulweg ist 1,5 km lang. Wie viele Kilometer Schulweg laufe ich in einer Woche?

ÜB S. 132–135

Tipps & Tricks 2: Mündliches Erzählen

T1 **Wer sagt oder fragt was? Ordnet zu.**

Schulradio-Reporterin Janina

Kadir

„Was ist passiert?" – Das fragt Janina.

Was ist passiert?

Ich muss dir unbedingt was erzählen!

Was hast du gestern / am Wochenende / in den Ferien gemacht?

Weißt du, was gerade / vorhin / gestern / … passiert ist?

Erzähl mal!

Weißt du was? …

T2 **Auf der Klassenfahrt: Hört den Anfang von Janinas Interview mit Jomo. Welche Fragen könnt ihr beantworten?** ▶ 88

1. Wie viel Uhr ist es?
2. Wer war auf Klassenfahrt?
3. Woher kommt Jomo?
4. Wie alt ist Jomo?
5. Wann war die Klassenfahrt?
6. Wo war Jomo?

Frage 1 kann ich nicht beantworten.

Frage 2 kann ich beantworten: Jomo und seine Klasse waren auf Klassenfahrt.

Das weiß ich nicht.

Das weiß ich.

5

T3 **Was hat Jomo auf der Klassenfahrt gemacht? Hört und erzählt dann.** ▷ 89
★★★ Deckt den Kasten ab.

ein Kunstprojekt machen • die Tanzgruppe wählen • tanzen lernen • Breakdance- und Hip-Hop-Sachen zeigen • eine Woche lang tanzen • jeden Tag sechs Stunden arbeiten • viel Deutsch sprechen

Jomo hat ein Kunstprojekt gemacht.

T4 **Hört noch einmal. Welche Zeitform verwendet Jomo beim Erzählen?** ▷ 89
6
7
Ergänze und schreibe die Regel in dein Heft.

Präteritum • Perfekt

Schülerbuch S. 69, Aufgabe T4 TT.MM.JJJJ

Mündliches Erzählen

Man erzählt im ___.
„sein" oder „haben" benutzt man im ___.

8
T5 **[1-2-alle] Was kann Jomo noch über die Präsentation erzählen?**
9
10
11
Erzählt für Jomo weiter.

40 Gäste haben • aufgeregt sein • die Tanzgruppe / eine Vorführung machen • beim Salto hoch springen • andere / Theater spielen • gemeinsam trommeln und tanzen • das Programm / 2 Stunden dauern • alle / begeistert und stolz sein • im Park feiern • …

★★★ Benutzt beim Erzählen auch Zeitadverbien und die Satzanfänge unten.

zuerst dann später zum Schluss Das war toll / …!

danach anschließend Stell dir vor, … Da haben wir …

Ich habe gedacht: …

Stell dir vor, wir hatten 40 Gäste!

Da waren wir aufgeregt. Zuerst …

T6 **Was hast du am Wochenende gemacht? Mache Notizen. Schreibe auch die Vergangenheitsform auf.**

lange schlafen • einen Ausflug machen • joggen • in den Park gehen • Fußball spielen • in die Stadt gehen • einkaufen • kochen • lesen • Freunde treffen • ins Kino gehen • faulenzen • Sport machen • lernen • Musik hören • …

Samstag:
lange schlafen
→ ich habe lange geschlafen
einkaufen
→ ich habe eingekauft

12

T7 **Interessant erzählen: Lies die Tipps. Nimm deine Notizen von Aufgabe T6 und übe das Erzählen.**

Tipp 1:
Benutze beim Erzählen Zeitangaben und unterschiedliche Satzanfänge.

zuerst • dann • danach • später • anschließend • zum Schluss
morgens • mittags • nachmittags • abends
am Samstag • am Sonntag •
um … Uhr •
…

Am Samstag habe ich lange geschlafen. Später habe ich eingekauft. …

Tipp 2:
Verbinde deine Sätze mit „und" oder „aber".

Nachmittags bin ich in den Park gegangen und habe Freunde getroffen.

Am Sonntag habe ich gefaulenzt, aber ich habe auch Sport gemacht.

T8 **Der Erzählkreis: Was habt ihr am Wochenende gemacht? Macht einen Stuhlkreis und erzählt.**

Regeln für den Erzählkreis
Erzähler: langsam und laut sprechen
Zuhörer: leise sein und zuhören

Möchtest du etwas sagen?
→ Bitte melde dich!

T9 **Was ist passiert? Suche ein Foto aus und mache Notizen. Überlege dir auch einen Satz für den Schluss.**

ich – mein Freund – meine Freundin – mein Bruder – …

letzte Woche – am letzten Sonntag – gestern – heute früh – …

Wer?
Wann?
Wo?
Was?
Welche Gefühle hat er / sie?

zu Hause – in der Stadt – auf dem Schulweg – in der Schule – in der Sporthalle – im Bus – …

einen Test schreiben – kein Geld haben – auf einen Freund warten – zu lange schlafen – am schnellsten laufen – Probleme in Mathe haben – überlegen – eine Idee haben – lachen – …

wütend – glücklich – traurig – erstaunt – nachdenklich – zufrieden – unzufrieden – stolz – fröhlich – …

… Da war er sehr zufrieden!

Mündliches Erzählen: Notizen machen
Schreibe Stichwörter zu den wichtigen Fragen auf:
Wer? Wann? Wo? Was? Welche Gefühle?

Notiere bei den Verben die Vergangenheitsform:
… *hat* einen Test *geschrieben*
… *hatte* keine Probleme
… *war* sehr zufrieden

T10 **Erzähle zu deinem Foto von Aufgabe T9. Übe mit einem Partner und erzähle dann für die Klasse. Die Klasse rät: Zu welchem Foto hast du erzählt?**

Du hast zu Foto 4 erzählt.

Das war gut / lustig / …

T11 **★★★ Erzähle von einem besonderen Erlebnis.**

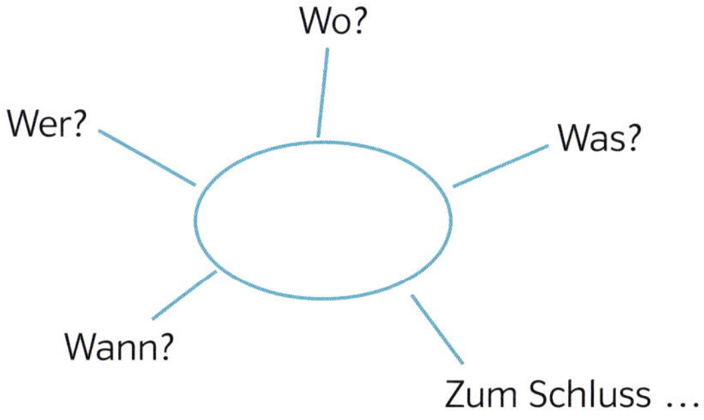

Als ich / mein Vater / meine Mutter / mein Freund / … klein war …

Gestern …

Im letzten Sommer …

ÜB S. 136–138

6 Miteinander

A1 **Seht die Bilder an. Welche Wörter kennt ihr schon? Zeigt und benennt.**

die Mutter

der Vater

der Freund

...

A2 **Ismails Fotos: Hört zu. Ordnet die Begriffe den Bildern oben zu.** ▶ 90

1. die Eltern und die Geschwister
2. der Mitbewohner
3. die Mitschüler
4. die Freunde
5. die Mannschaft

Ismails Eltern und Geschwister sieht man auf dem Familienfoto.

auf dem Foto von der Jugendwohngemeinschaft • auf dem Familienfoto • auf dem Foto vom Freundeskreis • auf dem Foto vom Sportverein • auf dem Klassenfoto

A3 Aufgaben zu Hause: Wer macht was? Sammelt noch mehr Wörter. Sprecht.

5 6 7 8

arbeiten

putzen

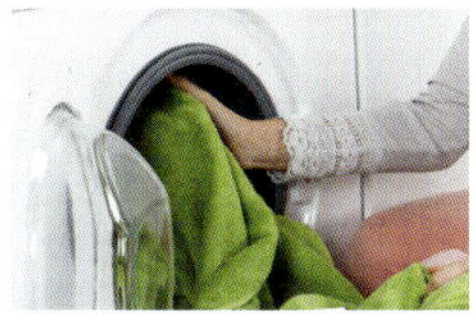
Wäsche waschen

einkaufen

kochen

aufräumen

abwaschen

abtrocknen

lernen

auf die Kinder aufpassen

Mein Vater arbeitet.
Meine Mutter kocht und putzt.

Bei mir arbeiten Vater und Mutter.

Ich lerne in der Schule.
Ich kaufe ein und …

A4 Freunde: Lest das Diagramm. Wie viel Prozent sagen das?

9 10

Wir sind Freunde, denn …

Wir sind Freunde, denn wir reden und diskutieren über alles. Das sagen 84 %.

A5 Gefühle: Wie geht es Ismail? Bildet Sätze mit „denn" wie im Beispiel. ★★★ Findet noch mehr Gründe für Ismails Gefühle.

11

traurig

glücklich

wütend

Er vermisst seine Familie. • Er hat Streit mit einem Freund. • Sein Handy ist kaputt. • Er hat viele Freunde. • Seine Mannschaft hat das Spiel gewonnen. • Er ist verliebt ♥.

Ismail ist traurig,
denn er vermisst seine Familie.

In der Gemeinschaft

B1 Der Klassenrat: Hört das Interview. Was ist richtig? ▷ 91

12

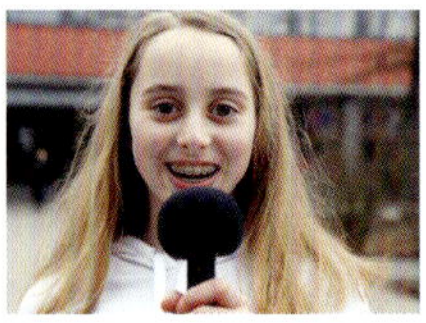

1. Es geht um … • Regeln in der Schule. • Regeln zu Hause.
2. Regeln legen fest: … • Das darf ich. • Das darf ich nicht.
3. Regeln muss man … • kennen. • respektieren.
4. Der Klassenrat diskutiert … • Regeln für die Klasse. • Regeln für die Schule.

B2 [1-2-alle] Kennt ihr die Regeln an eurer Schule? Sammelt und erzählt.

13 14

Musik hören

mit dem Handy fotografieren / telefonieren

Fragen stellen

Baseballkappe / Mütze tragen

die eigene Meinung sagen / diskutieren

essen / trinken

Abfall auf den Boden werfen

ohne Grund fehlen

Musik hören	ist	in der Schule im Unterricht in der Pause	verboten. erlaubt.

B3 Wie findet ihr die Regeln? Wiederholt die Regeln und sagt eure Meinung.

15 16 17

Musik hören ist verboten.
Das finde ich gut.

Nein! Das finde ich nicht.
Das stört doch nicht.

Das finde ich auch!
Ich höre gern Musik.

die Meinung sagen
Ich finde das richtig. / falsch. / gut. / nicht gut.

zustimmen
Das finde / denke ich auch.
Stimmt.
Ich habe die gleiche Meinung wie …

widersprechen
Das finde / denke ich nicht.
Das stimmt nicht.
Ich habe eine andere Meinung als …

B4 Ordnet Regeln und Konsequenzen zu. Formuliert Sätze mit „deshalb" wie im Beispiel. ★★★ Findet eigene Beispiele.

18 19 20 21 22

die Musik ausmachen • das Handy ausschalten • die Mütze absetzen • den Abfall in den Papierkorb werfen • eine Entschuldigung abgeben

Musik hören ist im Unterricht verboten,
deshalb muss man die Musik ausmachen.

Satzverbindungen mit *deshalb*
Der Konnektor *deshalb* verbindet zwei Sätze. Er drückt eine Folge oder Konsequenz aus.

Andere Wörter für *deshalb* sind: *darum, deswegen, daher.*

23

B5 **Ismail trifft seinen Freund Ben vor dem Training. Hört zu. Was ist passiert?** 92

24

1. Ben hat im Unterricht ein Handy …
2. Deshalb hat er mit Herrn Peters …
3. Das Handy … dem Bruder von Ben.

benutzt • verloren • gehört • vergessen • Ärger bekommen • erzählt • telefoniert • verstanden • diskutiert • passiert

B6 **Seht die Verbformen in den Sätzen von Aufgabe B5 an. Ist das Präsens oder Perfekt? Ordnet die Infinitive zu.**

25 26 27 28 29

telefonieren • diskutieren • passieren • verlieren • erzählen • benutzen • verstehen • vergessen • bekommen • gehören

hat … benutzt

benutzen

Perfekt von untrennbaren Verben be-, er-, ge-, ver-	**Verben auf -ieren**
er hat …**-t** er hat …**-en**	er hat …**-t**

! er hat verloren
Was ist passiert?

B7 [Wechselkärtchen] **Schreibt untrennbare Verben und Verben auf „-ieren" auf. Spielt.**
★★★ Bildet auch Sätze im Perfekt.

30 31 32 33 34 35 36

benutzen — er benutzt / er hat benutzt

telefonieren — er telefoniert / er hat telefoniert

Ich habe mein Wörterbuch benutzt.

B8 [Aussprache] **Freunde-Rap: Hört zu. Achtet auf den Wortakzent in den Verben.** 93

B9 **Hört die Verben und klopft die Silben mit – die betonte Silbe laut, die unbetonten Silben leise. Lest die Verben dann vor.** 94
★★★ Findet ihr Regeln?

37 38 39

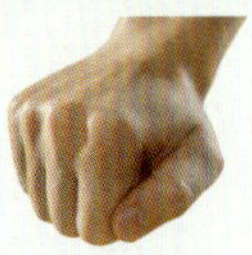

respektieren

1. erzählen, vertrauen, vergessen, gefallen, bekommen, gehören, gewinnen, verlieren
2. passieren, telefonieren, diskutieren, respektieren
3. einkaufen, abwaschen, aufräumen, rausgehen

Freunde, Freunde! – Respekt, Respekt!
Freunde erzählen, vertrauen. – Respekt!
Freunde vergessen uns nie. – Respekt!
Freunde gefallen uns. – Ja Mann, Respekt!
Freunde bekommen Respekt. – Respekt!
Freunde gehören zu uns! – Respekt!
He Freunde, jeden Tag kann viel passieren:
einkaufen, abwaschen, telefonieren,
aufräumen, rausgehen und diskutieren.
Freunde gewinnen und niemals verlieren.
Freunde, ja Freunde muss man respektieren!
– Respekt!!! Ja! –

B10 **Hört den Rap noch einmal und sprecht in Gruppen mit.** 93

Wo ist das Handy?

ÜB S. 148–154

40

C1 [Dativ] Hört zu. Was ist richtig? ▷ 97

Das Handy gehört **dem Trainer**.

Das Handy gehört **dem Kind**.

Das Handy gehört **der Mutter** von Ben.

C2 Hört noch einmal. Beantwortet die Fragen. ▷ 97

41 1. Mit wem spricht die Mutter von Ben?
42 2. Wem gefällt das Handy?
43 3. Wem sieht das Kind zu?
44 4. Wem dankt der Trainer?
45
46
47

Nominativ		Dativ
der Trainer	>	dem Trainer
das Kind	>	dem Kind
die Mutter	>	der Mutter
die Brüder	>	den Brüdern

C3 [Präpositionen] Wo ist das Handy? Formuliere Sätze. Schreibe und zeichne in dein Heft.

48
49
50

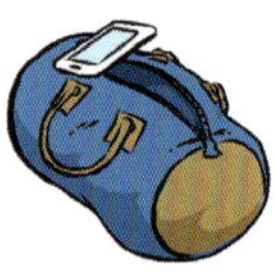
auf

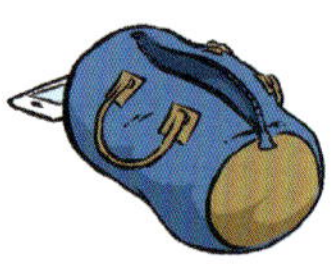
hinter

vor

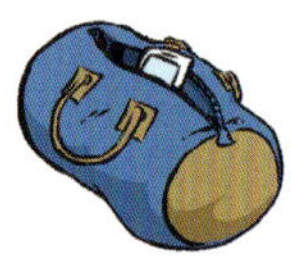
in

neben

Schülerbuch S. 76, Aufgabe C3: Präpositionen TT.MM.JJJJ

Das Handy liegt **auf** der Tasche.

unter

zwischen

51

C4 [Ortsangaben] Schulsachen im Klassenzimmer: Fragt und antwortet.

52
53
54

liegen • stehen • sein • hängen

Wo liegt das Heft?

Das Heft liegt **auf dem Tisch**.

Wo steht die Pflanze?

Die Pflanze steht **am Fenster**.

Nominativ	Wo? > Dativ
der Tisch	auf dem Tisch
das Fenster	an dem Fenster
die Tasche	in der Tasche

an dem > am
in dem > im

C5 **Wo ist Ismail heute? Lest seinen Kalender und sprecht.**
★★★ Was macht er dort? Erzählt.

Donnerstag
10:00 Deutschtest
14:00 Fußball
17:00 Ayman, Park
18:00 Besprechung JWG

einkaufen!!!!

im Supermarkt • im Sportverein • in der Schule • in der Jugendwohngemeinschaft • im Park

Um zehn Uhr ist Ismail in der Schule.

C6 **Probleme in der WG: Seht das Bild an und sammelt Vermutungen.**
55 **Hört dann zu. Was ist passiert?** ▶ 98

56
C7 **Verbindet die Sätze mit „sondern“ wie im Beispiel.**
57

1. Ismail war nicht pünktlich. > Er ist zu spät gekommen.
2. Er hat nicht eingekauft. > Er war beim Fußballtraining.
3. Um 18 Uhr war er nicht bei der Besprechung. > Er war noch mit Ayman unterwegs.
4. Er war nicht im Supermarkt. > Er hat Brot beim Bäcker gekauft.
5. Ali darf Ismail nicht sofort eine Extra-Aufgabe geben. > Alle diskutieren erst über seine Strafe.

Ismail war nicht pünktlich,
sondern er ist zu spät gekommen.

C8 **[Satzverbindungen] Schreibe die Sätze in dein Heft.**
58 **Markiere und finde eine Regel. Der Tipp rechts hilft dir.**
59

1. Ismail ist zu spät gekommen, deshalb bekommt er Ärger mit dem Betreuer.
2. Er hat seine Aufgaben nicht erledigt, sondern er hat Fußball gespielt.
3. Er bekommt eine Strafe vom WG-Rat, denn er hat sich nicht richtig verhalten.

Schülerbuch S. 77, Aufgabe C8: Satzverbindungen TT.MM.JJJJ
1. Ismail ist zu spät gekommen, deshalb bekommt er Ärger.

und, oder, aber, sondern, denn, deshalb
sind Konnektoren.
Sie verbinden zwei Hauptsätze.
Das Verb steht auch im zweiten Satz immer auf Position .

und, oder, aber, sondern, denn
stehen auf Position .

deshalb
steht auf Position .

ÜB S. 155

Super Freund!

D1 **Ein Lied von der Band „Glasperlenspiel“: Lies die Auszüge aus dem Text. Welche Überschrift passt?**

Meine Reise — Freundschaft — Ich

1. Strophe
[…]
Ich bin auf meinem Weg zu euch
Ich bin fast daheim
[…]
Endlich bin ich da
Endlich bin ich da

Refrain
Ich hab euch so vermisst
Ihr habt mir so gefehlt
Hab[…] euch lang nicht gesehen
Hab so viel zu erzählen
Und wie sich die Welt heute Nacht
Um uns dreht
Auf dass diese Freundschaft
Niemals vergeht

2. Strophe
Ohne euch ist alles anders
Mit euch macht alles viel mehr Spaß
[…]
Ich will euch nie verlieren
Ihr seid mir so nah
Ihr seid wunderbar

Refrain
Ich hab euch so vermisst
Ihr habt mir so gefehlt
Hab[…] euch lang nicht gesehen
Hab so viel zu erzählen
Und wie sich die Welt heute Nacht
Um uns dreht
Auf dass diese Freundschaft
Niemals vergeht

3. Strophe
Es war so einsam ohne euch
Ich war alleine ohne euch
Es war schön doch mit euch wär['']s
Tausendmal besser noch und ich
Bin so froh euch endlich zu sehen – hier

Refrain
Ich hab euch so vermisst
Ihr habt mir so gefehlt
Hab[…] euch lang nicht gesehen
Hab so viel zu erzählen
Und wie sich die Welt heute Nacht
Um uns dreht
Auf dass diese Freundschaft
Niemals vergeht
[…]

D2 **Was ist eine Strophe? Was ist ein Refrain? Sortiere und fasse zusammen.**

Die Strophe …
Der Refrain …

… ist ein Teil von einem Lied.
… steht vor dem Refrain.
… kommt immer nach einer Strophe.
Es gibt zwei oder mehr davon in einem Lied.
Es gibt ihn mehrmals in einem Lied.

D3 **Wo ist das im Liedtext? Sucht und sprecht.**
★★★ Sucht noch mehr Wörter im Text. Schlagt auch im Wörterbuch nach.

Das Wort	„einsam“ „…“	ist	in der ersten / zweiten / dritten Strophe. im Refrain.

D4 **Suche diese Liedzeile im Text. Ersetze dann „euch“ und „alles“ durch eigene Wörter.**

„Mit euch … alles …“

Mit Freunden …

Lieder über Freundschaft
Kennst du ein Lied über Freundschaft in deiner Sprache?

D5 **Lest den Comic und die Fragen. Sammelt Stichwörter an der Tafel.**

1. Wer ist auf dem Bild?
2. Wo ist das?
3. Was macht die Person?
   Was fühlt die Person?
   Was sagt oder denkt die Person?

Wer? Was? Wo?

D6 **Eine Stichwortsammlung erstellen: Schreibe in dein Heft.**

Schülerbuch S. 79, Aufgabe D6: Eine Stichwortsammlung erstellen TT.MM.JJJJ

	WER?	WO?	WAS?
Bild 1	Ismail	im Park	sitzt, wartet, ist wütend, denkt: „Super Freund!"
Bild 2	Ismail, Ayman		
Bild 3			

D7 **Was hat Ayman Ismail mitgebracht? Male ein Bild in dein Heft.**

D8 **Eine Bildergeschichte schreiben: Benutze deine Stichwörter.**
Finde auch eine Überschrift und einen Schluss.
★★★ Wie geht die Geschichte vielleicht weiter?

60 61 62 63

Schülerbuch S. 79, Aufgabe D8: Eine Bildergeschichte schreiben TT.MM.JJJJ

Ismail sitzt im Park und wartet. Ayman ist unpünktlich, deshalb ist Ismail wütend.
Er denkt: „Super Freund!"

6E Schule hier und anderswo

E1 **Schule in Deutschland – Schule in deinem Heimatland: Mache Notizen in deinem Heft. Die Stichwörter im Kasten helfen dir.**

Schulweg • Schultag • Stundenplan • Fächer • Lehrer • Unterricht • Geld für die Schule • Regeln in der Schule • Schuluniform • Miteinander • Klassengröße • Mädchen und Jungen • Alter • Herkunft • …

Schülerbuch S. 80, Aufgabe E1: Schule in Deutschland – Schule in … TT.MM.JJJJ

Das war in Deutschland neu für mich:	Das war in meinem Heimatland anders:	Das ist in Deutschland und in meinem Heimatland gleich:

E2 **Das Venn-Diagramm: Sortiere deine Notizen. Erstelle ein Diagramm auf einem Plakat.**

Expertenwissen
Das ist die Schnittmenge im Venn-Diagramm:

E3 **Eine Kurzpräsentation: Präsentiere dein Plakat in der Klasse.**

Mein Heimatland ist …

Ich stelle euch vor, was in der Schule in … anders ist als in Deutschland.

Das war in Deutschland neu für mich: …

Das ist in Deutschland und in meinem Heimatland gleich: …

Das gefällt mir hier in der Schule besonders: … Das finde ich nicht gut: …

E4 [1-2-alle] **Gesprächsregeln: Denkt über das Bild nach. Findet dann Gesprächsregeln für eure Klasse und schreibt sie auf ein Plakat.**

Gesprächsregeln

1. Wir melden uns.
2.

Extra zu: Gemeinschaftskunde / Sozialkunde / Politik

6 E

Erste Texthilfen für Fachtexte

E5 **Verschaffe dir einen Überblick über den Text: Was ist das Thema?**

Das Thema ist …

Es geht um …

das Bild — die Überschrift — die Randnotiz

Kinder haben Rechte

Was ist ein „Recht"?

Zu den „Vereinten Nationen" – kurz UN für „United Nations" – gehören fast 200 Länder auf der ganzen Welt. Im Jahr 1989 haben die Länder der UN die Kinderrechte formuliert. Kinder und Jugendliche bis 18 Jahre sollen auf der ganzen Welt die gleichen Rechte haben.

Ein Recht haben – das bedeutet: Du darfst etwas und andere Kinder und Erwachsene müssen dein Recht respektieren. Warum gibt es die Kinderrechte? Alle Kinder auf der Welt – Mädchen und Jungen – sollen Chancen haben und die Kinderrechte sollen die Kinder schützen. Jedes Kind und jeder Jugendliche darf sagen: „Hör mir zu! Tu mir nicht weh! Ich habe Hunger, gib mir Essen! Ich will in die Schule gehen!"

Wichtige Kinderrechte: essen, spielen, lernen

die Bildunterschrift

E6 **Lies den Text etwas genauer. Welchen Satz findest du am wichtigsten?**

E7 **Einige Kinderrechte: Ordnet die Sätze den Fotos oben und hier zu.**

1. Jedes Kind soll gesund leben. Kein Kind soll Hunger, Durst oder andere Not leiden.
2. Jedes Kind soll in die Schule gehen und dort rechnen, lesen, schreiben und vieles mehr lernen.
3. Kinder dürfen ihre Meinung sagen.
4. Kinder müssen freie Zeit haben. Sie dürfen spielen und Freunde treffen.
5. Kinder sollen ohne Gewalt aufwachsen.
6. Kinder sollen ohne Vorurteile aufwachsen.

E8 **★★★ Überlege: Was hast du heute schon gemacht? Was davon ist ein Kinderrecht?**

Pause — Schule — Frühstück — …

Lektion 1

Konjugation von Verben im Präsens

Ich heiße Rashed.

Sie kommt aus Griechenland.

Wir spielen zusammen.

Du würfelst zuerst!

Es geht mir gut!

Personalpronomen	Verbstamm		Verbendung oder Personalendung
ich	heiß	+	e
du	würfel	+	st
sie	komm	+	t
es	geh	+	t
wir	spiel	+	en

Der Infinitiv

geh|en

der Verbstamm – die Verbendung

Verben konjugieren

Das Verb bekommt die Personalendung vom Personalpronomen.

Die Personalendung kommt an den Verbstamm:

gehen ›	**ich**	geh**e**
	du	geh**st**
	er / sie / es	geh**t**
	wir	geh**en**
	ihr	geh**t**
	sie / Sie	geh**en**

			kommen	**leben**	**lernen**
Singular (Sg.)	1. Person	**ich**	komm**e**	leb**e**	lern**e**
	2. Person	**du**	komm**st**	leb**st**	lern**st**
	3. Person	**er / sie / es**	komm**t**	leb**t**	lern**t**
Plural (Pl.)	1. Person	**wir**	komm**en**	leb**en**	lern**en**
	2. Person	**ihr**	komm**t**	leb**t**	lern**t**
	3. Person	**sie**	komm**en**	leb**en**	lern**en**
Sg. + Pl.		**Sie**	komm**en**	leb**en**	lern**en**

	antworten	**heißen**	**sprechen**	**sein**
ich	antwort**e**	heiß**e**	sprech**e**	**bin**
du	antwort**est**	heiß**t**	spr**i**ch**st**	**bist**
er / sie / es	antwort**et**	heiß**t**	spr**i**ch**t**	**ist**
wir	antwort**en**	heiß**en**	sprech**en**	**sind**
ihr	antwort**et**	heiß**t**	sprech**t**	**seid**
sie / Sie	antwort**en**	heiß**en**	sprech**en**	**sind**

Lerne immer die Verbformen mit!

Personalpronomen

ich

du
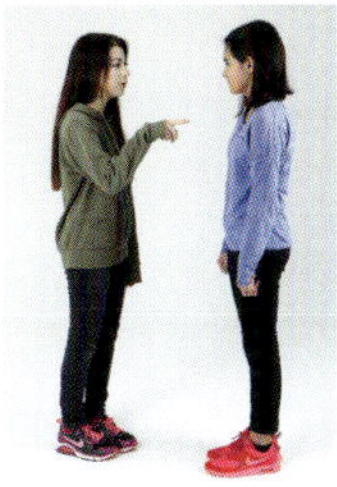

er

sie

es

wir

ihr

sie

Sie (Sg.)
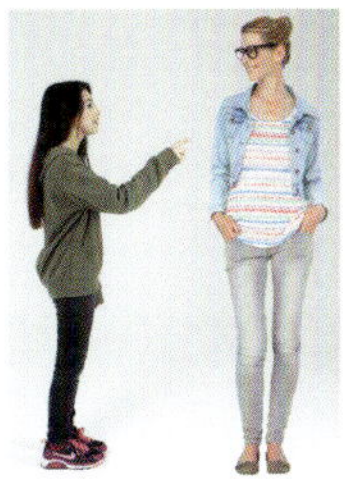

Sie (Pl.)

Das ist Frau Langer. Sie ist nett.

Anna und ich gehen in eine Klasse. Wir sind Freunde.

Rashed und Ipek, spielt ihr das Würfelspiel?

Nomen: bestimmter und unbestimmter Artikel

	Maskulinum	Neutrum	Femininum
bestimmter Artikel	**der** Mann	**das** Kind	**die** Frau
unbestimmter Artikel	**ein** Mann	**ein** Kind	**eine** Frau

der Mann
der Artikel → der; das Nomen → Mann

! Lerne Nomen immer mit Artikel!

unbestimmter Artikel:

Das ist **eine** Lehrerin.

bestimmter Artikel:

Das ist Frau Langer,
die Lehrerin von Rashed.

Positionen im Satz

1	2	
Amer	kommt	aus Syrien.
Ich	heiße	Amer.
Meine Familie	lebt	jetzt in Deutschland.
Wir	lernen	alle Deutsch.

1 ↑ Subjekt
2 ↑ Verb

Grammatik
Lektion 2

Konjugation von Verben im Präsens

	machen	erklären	brauchen	antworten
ich	mache	erkläre	brauche	antworte
du	machst	erklärst	brauchst	antwortest
er / sie / es	macht	erklärt	braucht	antwortet
wir	machen	erklären	brauchen	antworten
ihr	macht	erklärt	braucht	antwortet
sie / Sie	machen	erklären	brauchen	antworten

! Der Verbstamm endet auf *t* oder *d*, z.B. *antworten*: Bei den Formen für *du, er/sie/es* und *ihr* kommt ein *-e-* zwischen Stamm und Endung.

Verben mit Vokalwechsel

	geben (e › i)	fahren (a › ä)
ich	gebe	fahre
du	gibst	fährst
er / sie / es	gibt	fährt
wir	geben	fahren
ihr	gebt	fahrt
sie / Sie	geben	fahren

! Bei manchen Verben ändert sich der Vokal im Verbstamm bei den Formen für *du* und *er/sie/es*.

	haben
ich	habe
du	hast
er / sie / es	hat
wir	haben
ihr	habt
sie / Sie	haben

sein + Adjektiv

Der Stift	ist	rot.
Das Heft	ist	grün.
Die Tasche	ist	groß.
Die Bücher	sind	dick.

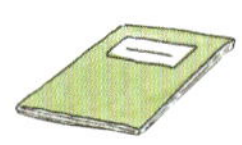

! Adjektive beschreiben ein Nomen.
Wie ist der Stift? – Der Stift ist grün.

***sein* + Adjektiv**
Das Adjektiv ändert die Form nicht.

Positionen des Verbs im Satz

Aussagesatz

1	2	
Kadir	schläft.	
Meine Bücher	sind	nicht dick.
Das Klassenzimmer	ist	im dritten Stock.

Das Verb steht auf Position 2.

W-Frage

1	2	
Wo	ist	das Klassenzimmer?
Wie	heißt	eure Deutschlehrerin?
Wann	hat	Frau Langer Sprechstunde?

Das W-Fragewort steht auf Position 1.
Das Verb steht auf Position 2.

Ja/Nein-Frage

1	2	
Ist	das	deine Tasche?
Heißt	du	Kadir?
Hast	du	keinen Füller?

Das Verb steht auf Position 1.

Nomen: Singular und Plural

	Singular	Plural
-e /	der Stift	die Stift**e**
¨-e	der Raum	die R**ä**um**e**
-n	die Flasche	die Flasche**n**
	die Aufgabe	die Aufgabe**n**
-en	die Übung	die Übung**en**
- / ¨-	der Computer	die Computer
	der Laden	die L**ä**den
-er / ¨-er	das Buch	die B**ü**ch**er**
-s	der Radiergummi	die Radiergummi**s**

! Lerne Nomen immer mit der Pluralform.

Alle Nomen haben im Plural den bestimmten Artikel *die*:
Hier sind *die* Klassenzimmer.
Ihr braucht *die* Deutschbücher.

Es gibt keinen unbestimmten Artikel im Plural:
Frau Zimmermann und Frau Langer sind Lehrerinnen.
Ich brauche Stifte.

Nominativ und Akkusativ

	Singular			Plural
	Maskulinum	Neutrum	Femininum	M/N/F
Nominativ				
bestimmter Artikel	der Stift	das Heft	die Tasche	die Bücher
unbestimmter Artikel	ein Stift	ein Heft	eine Tasche	Bücher
Negativartikel	kein Stift	kein Heft	keine Tasche	keine Bücher
Possessivartikel	mein Stift	mein Heft	meine Tasche	meine Bücher
Akkusativ				
bestimmter Artikel	d**en** Stift	das Heft	die Tasche	die Bücher
unbestimmter Artikel	ein**en** Stift	ein Heft	eine Tasche	Bücher
Negativartikel	kein**en** Stift	kein Heft	keine Tasche	keine Bücher
Possessivartikel	mein**en** Stift	mein Heft	meine Tasche	meine Bücher

Verben mit Akkusativ sind z.B. *brauchen, haben, nehmen, geben, lesen, …*
Ich brauche einen Stift. Kadir liest den Text.

Mit „Wen?" oder „Was?" fragst du nach dem Akkusativobjekt:
Wen siehst du? – Ich sehe den Lehrer. (Person)
Was brauchst du? – Ich brauche den Stift. (keine Person)

! **Negation**
kein verneint Nomen:
Ich brauche keinen Stift.

nicht verneint Sätze und Satzteile:
Der Stift ist nicht blau.

Possessivartikel

		Nominativ
ich	**mein**	mein Stift, mein Heft, mein**e** Tasche, mein**e** Bücher
du	**dein**	dein Stift, dein Heft, dein**e** Tasche, dein**e** Bücher
er	**sein**	sein Stift, sein Heft, sein**e** Tasche, sein**e** Bücher
sie	**ihr**	ihr Stift, ihr Heft, ihr**e** Tasche, ihr**e** Bücher
es	**sein**	sein Stift, sein Heft, sein**e** Tasche, sein**e** Bücher
wir	**unser**	unser Stift, unser Heft, unser**e** Tasche, unser**e** Bücher
ihr	**euer**	euer Stift, euer Heft, **eure** Tasche, **eure** Bücher
sie	**ihr**	ihr Stift, ihr Heft, ihr**e** Tasche, ihr**e** Bücher
Sie	**Ihr**	Ihr Stift, Ihr Heft, Ihr**e** Tasche, Ihr**e** Bücher

! Der Possessivartikel beantwortet die Frage: Wer ist der Besitzer?
Die Endungen von *mein-*, *dein-*, … sind wie beim unbestimmten Artikel *ein-*.

! auch: Ihr braucht euren Stift.

Lektion 3

Modalverben „müssen“, „dürfen“ und „können“

	müssen	dürfen	können
ich	muss	darf	kann
du	musst	darfst	kannst
er / sie / es	muss	darf	kann
wir	müssen	dürfen	können
ihr	müsst	dürft	könnt
sie / Sie	müssen	dürfen	können

! **man** = alle Personen
Konjugation wie *er / sie / es:* man muss / darf / kann

Das Auto muss am Zebrastreifen halten.
Das Mädchen darf die Straße überqueren.

Sie können zu Fuß gehen oder mit dem Bus fahren.

Er kann schwimmen.

müssen
› Pflicht

dürfen
› Erlaubnis

können
› Möglichkeit oder Fähigkeit

Trennbare Verben

	auf|stehen
ich	stehe auf
du	stehst auf
er / sie / es	steht auf
wir	stehen auf
ihr	steht auf
sie / Sie	stehen auf

Vorsilbe → auf|stehen ← Verb

Sergio steht auf.
Sergio steht um 8:15 Uhr auf.
Sergio steht heute um 8:15 Uhr auf.
(steht = Verb, auf = Vorsilbe)

! Bei trennbaren Verben musst du im Satz Vorsilbe und Verb trennen.
Die Vorsilbe steht am Satzende.

Bei trennbaren Verben liegt der Wortakzent auf der Vorsilbe:
aufstehen, **ein**packen, **los**gehen, **an**kommen, **vor**lesen

Satzklammer

auf|stehen	Sergio	steht	heute um 8:15 Uhr	auf.
an|ziehen	Er	zieht	seine Kleidung	an.
ein|packen	Er	packt	sein Schulbrot	ein.
los|gehen	Sergio	geht	um 8:55 Uhr	los.
an|kommen	Wann	kommt	Sergio in der Schule	an?

Positionen im Satz: Die Satzklammer

Aussagesatz und W-Frage

1	2		Satzende
Wir	können	einen Ausflug	machen.
Ihr	müsst	pünktlich	sein.
Wann	muss	ich am Treffpunkt	sein?

Modalverben im Satz
Das Modalverb und der Infinitiv bilden zusammen die Satzklammer.

In *Aussagesatz* und *W-Frage* steht das Modalverb auf Position 2, der Infinitiv steht am Satzende.

1	2		Satzende
Sergio	geht	um 8:55 Uhr	los.
Er	steigt	um 9:10 Uhr in den Bus	ein.
Wann	kommt	er in der Schule	an?

Trennbare Verben im Satz
Das konjugierte Verb und die Vorsilbe bilden zusammen die Satzklammer.

In *Aussagesatz* und *W-Frage* steht das konjugierte Verb auf Position 2, die Vorsilbe steht am Satzende.

Ja/Nein-Frage

1	2		Satzende
Darf	ich	bitte auf die Toilette	gehen?
Kannst	du	mir bitte	helfen?

Modalverben in *Ja/Nein-Fragen*
Das Modalverb steht auf Position 1, der Infinitiv steht am Satzende.

1	2		Satzende
Steigst	du	am Bahnhof	aus?
Kommst	du	pünktlich in der Schule	an?

Trennbare Verben in *Ja/Nein-Fragen*
Das konjugierte Verb steht auf Position 1, die Vorsilbe steht am Satzende.

Wortbildung: Komposita

die Schule + der Ausflug > der Schulausflug

der Bus + halten + die Stelle > die Bushaltestelle

die Straßen + die Bahn + halten + die Stelle > die Straßenbahnhaltestelle

Komposita
Du kannst Wörter zu neuen Wörtern verbinden.

Kompositum =
Wort + Wort (+ Wort + Wort + …)

Fragewort „welch-“

	Nominativ	Akkusativ
M	Welcher Bus ist das? > Das ist der Schulbus.	! Welchen Bus nimmt Sergio? > Er nimmt den Bus um 9:10 Uhr.
N	Welches Ticket ist das? > Das ist das Ticket von Sergio.	Welches Ticket kauft er? > Er kauft das Schülermonatsticket.
F	Welche Straßenbahn ist das? > Das ist die Straßenbahn Nummer 11.	Welche Straßenbahn nimmst du? > Ich nehme die Straßenbahn zum Bahnhof.
Pl.	Welche Schüler sind das? > Das sind die Schüler von Frau Langer.	Welche Schüler treffen wir? > Wir treffen die Schüler von der Schillerschule.

Grammatik
Lektion 4

Modalverben „wollen" und „sollen"

	wollen	sollen
ich	will	soll
du	willst	sollst
er / sie / es	will	soll
wir	wollen	sollen
ihr	wollt	sollt
sie / Sie	wollen	sollen

Ich will gesund essen.

Ich will eine Cola trinken.

wollen
› Plan oder Wunsch

Herr Meyer, Sie sollen keine Cola trinken, Sie sollen Sport machen.

sollen
› Befehl oder Tipp

Imperativ

informell		formell	
du Singular	**ihr** Plural	**Sie** Singular	**Sie** Plural
~~Du~~ hörs~~t~~ zu.	~~Ihr~~ hört zu.	Sie hören zu.	Sie hören zu.
Hör zu!	Hört zu!	Hören Sie zu!	Hören Sie zu!

Der Imperativ ist …
… ein Befehl.

Seid leise!

… ein Tipp.

Schlag im Wörterbuch nach!

… eine Bitte.

Kauf bitte Schokolade ein!

sein
Sei leise!
Seid leise!
Seien Sie leise!

haben
Hab keine Angst!
Habt keine Angst!
Haben Sie keine Angst!

! *bitte* macht den Imperativ freundlicher und höflicher:
Hör bitte zu! Seid bitte leise!

Indefinitpronomen

100 %	jeder / alle	Jeder mag Apfelsaft. Alle mögen Apfelsaft.
↓	viele	Viele mögen Cola.
	einige	Einige mögen Mineralwasser.
	wenige	Wenige mögen Milch.
0 %	keiner	Keiner mag Kaffee.

Komparation: gern – lieber – am liebsten

Grundform
gern ❤

Komparativ
lieber ❤❤

Superlativ
am liebsten ❤❤❤

Für Vergleiche brauchst du den Komparativ oder den Superlativ.
Ich esse gern Salat. ❤
Ich esse lieber Pizza. ❤❤
Ich esse am liebsten Eis. ❤❤❤

Positionen im Satz: Satzklammer

Aussagesatz und W-Frage

1	2		Satzende
Ich	will	gesund	essen.
Ich	soll	Sport	machen.
Wann	wollen	wir unser Schulfrühstück	machen?

1	2		Satzende
Ich	bringe	zehn Brötchen	mit.
Ipek und Amer	werfen	den Müll	weg.
Wer	räumt	das Zimmer	auf?

Ja/Nein-Frage und Imperativ

1	2		Satzende
Willst	du	eine Cola	trinken?
Soll	ich	wieder Brötchen	mitbringen?

1	2		Satzende
Hörst	du	Frau Langer	zu?
Packt		die Reste	ein!

Positionen im Satz: Zeitadverbien

Ich wiege die Zutaten ab.
↓+ zuerst

1	2		Satzende
Ich	wiege	**zuerst** die Zutaten	ab.
Zuerst	wiege	ich die Zutaten	ab.
Dann	rühre	ich die Butter cremig.	
Ich	füge	**jetzt** Eier und Salz	hinzu.
Anschließend	rühre	ich Mehl, Backpulver und Wasser	unter.
Zum Schluss	backe	ich die Waffeln knusprig.	

Das Zeitadverb kann auf Position 1 oder in der Satzmitte stehen.

Du kannst mit Zeitadverbien eine Reihenfolge ausdrücken:

zuerst → dann → jetzt → danach → anschließend → zum Schluss

Du kannst Sätze verbinden und unterschiedliche Satzanfänge verwenden:

Ich wiege die Zutaten ab. Ich rühre … → Zuerst wiege ich die Zutaten ab. Dann rühre ich …

Grammatik
Lektion 5

„möchten“

ich	möchte
du	möchtest
er / sie / es	möchte
wir	möchten
ihr	möchtet
sie / Sie	möchten

Ich möchte eine Pizza bestellen.

möchten
› Wunsch (höflich)

möchten funktioniert wie ein Modalverb:

Ich **möchte** eine Pizza **bestellen**.

Wann **möchtest** du eine Pizza **bestellen**?

Möchtest du eine Pizza **bestellen**?

Perfekt

1	2		Satzende
Was	hast	du gestern	gemacht?
Ich	habe	Aminata	getroffen.
Ich	bin	zu spät	gekommen.

1	2		Satzende
Hat	Aminata	auf dich	gewartet?
Seid	ihr	in die Stadt	gegangen?

Im Perfekt sprichst du über Aktivitäten in der Vergangenheit.

Das Perfekt bildest du so:
Hilfsverb *haben* oder *sein* im Präsens + Partizip II

Die konjugierte Form von *haben* oder *sein* und das Partizip II bilden zusammen die Satzklammer. Das konjugierte Verb steht auf Position 2 oder 1, das Partizip II am Satzende.

Partizip II
meistens:
ge- Verbstamm *-(e)t*:
› gemacht, gewartet, gerannt
! manchmal mit Vokalwechsel

ge- Verbstamm *-en*:
› gekommen, getroffen, gesungen
! oft mit Vokalwechsel

ich	habe	gemacht	habe	gewartet	bin	gekommen
du	hast	gemacht	hast	gewartet	bist	gekommen
er / sie / es	hat	gemacht	hat	gewartet	ist	gekommen
wir	haben	gemacht	haben	gewartet	sind	gekommen
ihr	habt	gemacht	habt	gewartet	seid	gekommen
sie / Sie	haben	gemacht	haben	gewartet	sind	gekommen

Partizip II
von trennbaren Verben:
-ge- zwischen Vorsilbe und Verb
› aufgestanden, eingekauft, losgefahren

ich	bin	aufgestanden	habe	eingekauft
du	bist	aufgestanden	hast	eingekauft
er / sie / es	ist	aufgestanden	hat	eingekauft
wir	sind	aufgestanden	haben	eingekauft
ihr	seid	aufgestanden	habt	eingekauft
sie / Sie	sind	aufgestanden	haben	eingekauft

***haben* oder *sein*:**
! Die meisten Verben bilden das Perfekt mit *haben*.

Verben der Ortsveränderung bilden das Perfekt mit *sein*:
A → B
Ich **bin** zum Bus **gerannt**, aber der Bus **ist** pünktlich **abgefahren**.

ich	bin	gerannt	bin	abgefahren
du	bist	gerannt	bist	abgefahren
er / sie / es	ist	gerannt	ist	abgefahren
wir	sind	gerannt	sind	abgefahren
ihr	seid	gerannt	seid	abgefahren
sie / Sie	sind	gerannt	sind	abgefahren

Lerne Verben immer so:

warten – er wartet – er hat gewartet

aufstehen – er steht auf – er ist aufgestanden

Präteritum von „sein“ und „haben“

	sein	haben
ich	war	hatte
du	warst	hattest
er / sie / es	war	hatte
wir	waren	hatten
ihr	wart	hattet
sie / Sie	waren	hatten

Das Präteritum ist auch eine Zeitform für die Vergangenheit.

Über Aktivitäten in der Vergangenheit sprichst du im Perfekt, *sein* und *haben* als Vollverb verwendest du aber meistens im Präteritum:
Ich bin jetzt in Deutschland. Ich habe Deutschunterricht.
Vor zwei Jahren war ich in Bulgarien. Ich hatte keinen Deutschunterricht.

Komparation

Grundform +	Komparativ ++	Superlativ +++
schnell	schneller	am schnellsten
weit	weiter	am weitesten
hoch	höher	am höchsten
gut	besser	am besten
gern	lieber	am liebsten
viel	mehr	am meisten

Für Vergleiche brauchst du den Komparativ oder den Superlativ.

Jennifer ist schnell. Cindy ist schneller.
Aminata ist am schnellsten.

Bastian springt hoch. Roman springt höher als Bastian.
Nick springt am höchsten.

Ich finde Fußball gut. Leichtathletik finde ich besser.
Am besten finde ich Basketball. Basketball ist super!

! Wer hat weiter geworfen, Maxi oder Tom?
Tom hat so weit geworfen wie Maxi.
Ivo hat weiter geworfen als Maxi und Tom.

Positionen im Satz: Zeitangaben

1	2		Satzende
Unsere Klasse	hat	letzte Woche Waffeln	gebacken.
Diese Woche	haben	wir einen Ausflug	gemacht.
Kadir	ist	gestern zu spät zum Training	gekommen.
In einer Woche	sind	Bundesjugendspiele.	
Dienstags	haben	wir nur Sport und Deutsch.	
Ich	habe	donnerstags Tischtennis-AG.	

Zeitangaben können auf Position 1 oder in der Satzmitte stehen.

Mit Zeitangaben kannst du Sätze verbinden und Satzanfänge variieren.

letztes Jahr	letzten Monat	letzte Woche	vorgestern	gestern	heute	morgen	übermorgen	in einer Woche
Vergangenheit					Gegenwart	Zukunft		

Grammatik
Lektion 6

Verben auf „-ieren"

	Präsens	Perfekt
ich	telefoniere	habe telefoniert
du	telefonierst	hast telefoniert
er / sie / es	telefoniert	hat telefoniert
wir	telefonieren	haben telefoniert
ihr	telefoniert	habt telefoniert
sie / Sie	telefonieren	haben telefoniert

Verben auf *-ieren* sind z.B. *telefonieren, diskutieren, passieren, …*

Sie bilden das Perfekt meistens mit *haben* und der Endung *-t*.
Ausnahme: es ist passiert

! Andere Verben brauchen für das Perfekt *ge-*, z.B. *arbeiten*:
Ich habe gestern gearbeitet.

Untrennbare Verben

Präsens

	erzählen	bekommen
ich	erzähle	bekomme
du	erzählst	bekommst
er / sie / es	erzählt	bekommt
wir	erzählen	bekommen
ihr	erzählt	bekommt
sie / Sie	erzählen	bekommen

Perfekt

	erzählen	bekommen
ich	habe erzählt	habe bekommen
du	hast erzählt	hast bekommen
er / sie / es	hat erzählt	hat bekommen
wir	haben erzählt	haben bekommen
ihr	habt erzählt	habt bekommen
sie / Sie	haben erzählt	haben bekommen

Untrennbare Vorsilben sind z.B. *be-, er-, ge-, ver-*.

Der Wortakzent liegt auf dem Verbstamm: erzählen, bekommen.

Die Vorsilbe bleibt immer beim Verb:
Ich erzähle eine Geschichte.
Du bekommst Ärger mit Frau Langer.

! ↔ Trennbare Verben:
- Der Wortakzent liegt auf der Vorsilbe: anrufen.
- Im Präsens steht die Vorsilbe am Satzende: Ich rufe Luis an.
- Im Perfekt steht *-ge-* zwischen Vorsilbe und Verb: Ich habe Luis angerufen.

Dativ

	Singular			Plural
	M (Maskulinum)	N (Neutrum)	F (Femininum)	M / N / F
Nominativ Das ist / sind …	der Trainer.	das Kind.	die Mutter.	die Spieler.
Dativ Das Handy gehört …	dem Trainer.	dem Kind.	der Mutter.	den Spielern.
	einem Trainer.	einem Kind.	einer Mutter.	--- Spielern.
	keinem Trainer.	keinem Kind.	keiner Mutter.	keinen Spielern.
	meinem Trainer.	meinem Kind.	meiner Mutter.	meinen Spielern.

Mit „Wem?" fragst du nach dem Dativobjekt:

Wem gehört das Handy?

Das Handy gehört dem Trainer.

! **Verben mit Dativ** sind z.B. *gefallen, danken, helfen, gehören, …*:
Die Frau hilft dem Kind.
Das Kind dankt der Frau.

Der Dativ steht auch oft **nach Präpositionen**, z.B. nach *mit* und *von*:
Ich schreibe mit einem Bleistift.
Das ist ein Foto von meiner Familie.

Präpositionen

Ortsangaben

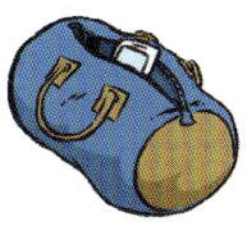

Das Handy ist in der Tasche.

Präposition → in | Nomen im Dativ → der Tasche

Man verwendet für Ortsangaben oft die Verben *stehen, liegen, hängen* oder *sitzen*:
Das Handy liegt in der Tasche.

Mit „Wo?" fragst du nach dem Ort:

Wo ist Ismail?

! in dem › im — Ismail ist im Park.

an dem › am — Nein, Ismail ist am Bahnhof.

Konnektoren und Positionen im Satz

Mit den Konnektoren *und, oder, aber, sondern, denn* kannst du Hauptsätze verbinden.
Diese Konnektoren stehen immer auf Position 0, das Verb auf Position 2.

	0	1	2		
Ismail ist traurig,	**denn**	er	vermisst	seine Familie.	
Er hat seine Aufgaben nicht erledigt,	**sondern**	(er)	hat	Fußball	gespielt.
Er war im Training	**und**	(er)	hat	Ayman	getroffen.

Auch der Konnektor *deshalb* verbindet Hauptsätze. Er drückt eine Folge oder Konsequenz aus.
Andere Wörter für *deshalb* sind *darum, deswegen, daher.*
deshalb, darum, deswegen, daher stehen oft auf Position 1. Sie können aber auch in der Satzmitte stehen.

	0	1	2		
Ismail ist zu spät gekommen,		**deshalb**	bekommt	er	Ärger.
Ismail ist zu spät gekommen,		er	bekommt	**deshalb**	Ärger.
Musik hören ist im Unterricht verboten,		**darum**	muss	man die Musik	ausmachen.
Musik hören ist im Unterricht verboten,		**deswegen**	muss	man die Musik	ausmachen.
Musik hören ist im Unterricht verboten,		man	muss	**daher** die Musik	ausmachen.

Grund → Folge / Konsequenz

Woher kommst du?

Russland
Kasachstan
Mongolei
China
Nordkorea
Süd-
korea
Japan
Taiwan
Philippinen
Vietnam
Malaysia
Indonesien
Papua-Neuguinea
Australien
Neuseeland
Indien
Nepal
Sri Lanka
Myanmar
Thailand
Afghani-
stan
Pakistan
Iran
Irak
Saudi-
Arabien
Oman
Jemen
Somalia
Südsudan
Zentralafrik.
Republik
Ruanda
Burundi
Tansania
Malawi
Mosambik
Madagaskar
asiland
otho
opien
kei
en
42
43
44
46
47
48
49
50
51
52
53
54
55
56
57
23
Legende Asien
42 Georgien
43 Armenien
44 Aserbaidschan
45 Jordanien
46 Kuwait
47 Bahrain
48 Ver. Arab. Emirate
49 Turkmenistan
50 Usbekistan
51 Kirgisistan
52 Tadschikistan
53 Bhutan
54 Bangladesch
55 Laos
56 Kambodscha
57 Katar
Legende Afrika
10 Senegal
11 Gambia
12 Guinea-Bissau
13 Guinea
14 Sierra Leone
15 Liberia
16 Elfenbeinküste
17 Ghana
18 Togo
19 Benin
20 Äquatorialguinea
21 Republik Kongo
22 Eritrea
23 Dschibuti
24 Uganda
25 Simbabwe

Bildnachweis:

Bigstock, New York, NY: (Vagengeymm), **L6** A3.10; DGE-Ernährungskreis®, Copyright: Deutsche Gesellschaft für Ernährung e. V., Bonn, **L4** D4.1; Fotolia, New York: (Alexandra Karamyshev), **L5** B4.9; Fotolia.com, New York: (DigiClack), **L1** B1.1, L1 B1.2, L1 B1.3, L1 B1.4, L1 B1.5; (adam121), **L6** E7.2; (emuck), **L4** A3.2; (rdnzl), **L4** C2.8, L4 A3.5; (MABO), **L5** E4.4; (F. Seidel), **L5** E2.1; (denys_kuvaiev), **L5** D1.3; (Kzenon), **L6** A3.1; (Andrey Popov), **L6** A3.3; (britta60), **L6** A3.6; (Pixinoo), **L6** A3.8; (fotodesign-jegg.de), **L6** A3.9; (vadymvdrobot), **L6** B2.1; (PhotographyByMK), **L6** B2.8, L2 C6.1, L2 C2.1; (nys), **L5** B4.1, L5 B4.7; (Alexandra Karamyshev), **L5** B4.3, L5 B4.4, L5 B4.5, L5 B4.6, L5 B4.8; (Klaus Eppele), **L1** B2.1; (Picture-Factory), **L6** E5.3; (jassada watt), **L4** A3.17; (viktoriya89), **L4** A3.20; (Jörg Hackemann), **L3** B5.1; (Nagel's Blickwinkel), **L3** B1.4; Gunther Pagel, Viernheim / © Carlsen Verlag GmbH, Hamburg 2015, **L0.13**; iStockphoto, Calgary, Alberta: (Coprid), **L1** B8.2, L0.5; (RapidEye), **L6** A3.7; (Luis Alvarez), **TT1** 5.1; (aalex81), **L4** C1.1; (monkeybusinessimages), **L5** A1.1; (Fertnig), **L6** E5.2; (ogergo), **L6** B2.7; Klett-Archiv, Stuttgart: (Silke Donath), **TT2** 3.1, TT2 3.2; , **L1** E3.1, L1 E3.2, L1 E3.3, L1 E3.4; Klett-Langenscheidt Archiv, München: , **L3** E2.1; Shutterstock, New York: (Dream Master), **L3** A7.4; (Samuel Borges Photography), **L6** B2.2; (Cvijun), **U2**; (Raisa Kanareva), **TT1** 7.1; (tommaso lizzul), **TT2** 10, TT2 10.1, TT2 9.5, TT2 9.6; (joyfull), **L3** B1.3; (Syda Productions), **L5** B3.2; (tantai pornchanthong), **L5** E7.1; (SpeedKingz), **L1** D2.2; (glenda), **L3** B5.3; (CHAjAMP), **L0.6**; (igra.design), **L4** B5.13; (haru), **L4** C2.2; (smmartynenko), **TT2** 9.1, TT2 9.2, TT2 9.3; (tommaso lizzul), **TT29.4**; (Pefkos), **L4** C2.5; (Photographee.eu), **L6** B2.6; (AlexandrBognat), **L5** E2.2; (Evgeny Atamanenko), **L5** E2.3; (VGstockstudio), **L5** E4.5; (AlenD), **L5** C2.3; (muzsy), **L6** A1.4; (Jorg Hackemann), **L3** B5.4; Thinkstock, München: (Lisa Turay), **L6** A1 .5; (Helmut Seisenberger), **L3** B1.1, L3 B7.1; (Monsterstock1), **L1** G .14, L1 C1.14; (ZouZou1), **L6** A1.2; (Gewoldi), **L1** G.6, L1 C1.6; (Wavebreakmedia Ltd), **L1** G.11, L1 G.13, L1 C1.10, L1 C1.13, L4 B5.12, L4 A3.8; (Voysla), **L1** A5.1, L1 C6.1; (monkeybusinessimages), **L1** G.15, L2 E3.5, L4 C8.1; (Dimedrol68), **L5** C2.1, L5 B7.1; (Dmitrii Kotin), **L1** A5.2, L1 A5.4; (jericho667), **L1** A5.3; (fotokostic), **L5** A1.2; (Ableimages), **L5** A1.3, L6 A3.5; (ourlifelooklikeballoon), **L2** A3.1; (Ryan McVay), **L5** D7.1; (khvost), **L5** D7.2; (AndrewScherbackov), **L5** D7.3; (Hemera Technologies), **L5** D7.4, L5 D7.5, L2 C1.2, L2 C1.3, L2 C3; (phototechno), **L4** B2.1; (karammiri), **L5** B4.2; (EdnaM), **L4** B5.1, L4 B5.2, L4 C2.3; (UroshPetrovic), **L4** B5.3, L4 B5.4, L4 B5.5, L4 A3.3; (agafapaperiapunta), **L4** B5.6; (MileA), **L4** B5.7, L4 B5.8, L4 B5.9, L4 B5.10, L4 B5.11; (GooDween123), **L1** B9.1, L1 B9.2, L1 B10.1, L0.2, L0.4; (Bonilla1879), **L5** B3.1; (atoss), **L4** C2.1; (unalozmen), **L4** C2.4; (Stuart Monk), **L4** C2.6; (jayvo86), **L4** C2.7; (shironosov), **L5** B3.3; (TongRo Images), **L5** B2.1, L5 A3.3, L5 A1.8, L5 E4.7, L5 C2.6; (IPGGutenbergUKLtd), **L5** A3.1, L5 A1.5, L1 B2.4; (Jack Hollingsworth), **L5** A3.2, L5 A1.10, L6 B2.4; (Highwaystarz-Photography), **L5** A1.4, L0.16; (AYakovlev), **L5** A1.7; (DusanManic), **L5** A1.9; (Carol_Anne), **L5** E4.1; (Purestock), **L5** E4.2, L6 E7.1; (Fuse), **L5** E4.3, L0.12; (Jon Feingersh), **L5** E4.6; (warrengoldswain), **L2** D7.1; (Osipovfoto), **L4** A3.1; (talipcubukcu), **L1** B8.1, L0.3; (Top Photo Group), **L2** D4.1; (HaraldBiebel), **L2** D4.2; (haveseen), **L2** D4.3; (Ingram Publishing), **L2** D4.4; (Diana Taliun), **L4** A3.4; (Devonyu), **L2** C1.1; (Victorburnside), **L2** C1.4, L2 C3.1; (Jag_cz), **L4** D3.1; (Murat34), **L4** D3.2; (anatchant), **L4** D3.3; (michelangeloop), **L3** B5.2; (KatarzynaBialasiewicz), **TT1** 1.1, TT1 2.4; (Thinkstock Images), **L0.1**, L6 B9.1, L2 B9.1; (DarthArt), **L0.14**, L3 A1.3, L3 A4.3; (Zoonar RF), **L0.15**; (Thomas Northcut), **TT2** 2.1; (piccaya), **TT2** 5.1; (tompet80), **TT1** 7.2; (anna1311), **L4** A3.6, L4 A3.12; (Buriy), **L4** A3.7; (Qpicimages), **TT1** 7.3; (Creativalmages), **L5** C5.1; (AndreyPopov), **L6** A3.2; (Minerva Studio), **L6** A3.4; (tepic), **L3** B1.2; (Jon Helgason), **TT1** 8.1; (AlexKalina), **TT1** 8.2, TT1 4.2; (MariuszBlach), **L4** A3.9; (shutswis), **L4** A3.10; (Noraluca013), **L4** A3.11; (MayerKleinostheim), **L4** A3.13; (recose), **L4** A3.14; (rimglow), **L4** A3.15; (hayaletsek), **L4** A3.16; (karandaev), **L4** A3.18; (nevodka), **L4** A3.19; (Meinzahn), **L3** A1.1, L3 A1.2, L3 A1.4, L3 A4.1, L3 A4.2, L3 A4.4, L3 A7.6; (wallix), **L3** A1.5; (Zedcor Wholly Owned), **L2** C1.5; (Adam88xx), **L2** C1.6; (Issaurinko), **L2** C1.7; (tatniz), **L2** C3.3; (sputnikos), **L2** C3.4; (zhz_akey), **L2** C3.5; (Stockbyte), **L2** C3.6; (Michael Blann), **L2** D5.1; (Raylipscombe), **L2** D5.2; (omgimages), **L2** A5.2; (David Woolley), **L2** A5.3; (Jetta Productions), **L2** A5.4; (artist-unlimited), **L2** A5.5; (prapassong), **L3** A7.1, L3 A7.2; (william87), **L3** D3.1; (Jacob Wackerhausen), **L6** B8.1; (Monkey Business Images Ltd), **L6** E7.3; (gpointstudio), **L6** E5.4; (moodboard), **L6** D3.1; (mladn61), **L3** B7.2, L5 C2.2; (Stocktrek Images), **L6** D3.2; (John Howard), **L6** D3.3; (MASAO OTA/amanaimagesRF), **L6** D3.4; (lzf), **L6** D3.5, L6 D3.6; (Nixken), **L1** C5.1; (jojoo64), **L3** A7.3; (Brilt), **L3** A7.5; (orpheus26), **L3** B5.5; (airdone), **L5** C2.4; (Nastco), **L5** C2.5; (jurisam), **L5** C2.7; (Photick/Laurence Mouton), **L5** C2.8; (Tomasz Trojanowski), **L5** C2.9; (Ljupco), **L5** C2.10; , **L1** D6.1; www.viernheimer-nachrichten.de, **L5** D1.1, L5 D1.2, L0.11; © National Coalition, **L6** E5.1

L = Lektion / TT = Tipps & Tricks
A–E = Aufgabenzählung

Alle anderen Bilder: Gunther Pagel, Viernheim.

Textquellenverzeichnis:

L6 D1 Freundschaft
Musik und Text: GRUNENBERG, DANIEL/Jürgens, David/LOEWEL, KATHARINA/Niemczyk, Carolin*
Copyright: At the beginning* RUDI SCHEDLER MUSIKVERLAG GMBH*, Reutte / Sony/ATV Music Publishing (Germany) GmbH, Berlin / Heimspiel Edition / Universal Music Publishing GmbH, Berlin / Geto Gold Musikverlag Jen Ihlenfeldt Eric Remberg Halil Efe GbR; published by Lassomusic Swantje Weinert; administered by Kobalt Music Publishing Ltd.